I0520597

GRIEGO Y EXÉGESIS
Con *e-Sword* y *Logos*

Un manual práctico que enseña
los fundamentos del griego y la
exégesis con el uso de los
programas computacionales
e-Sword y *LOGOS*

Segunda edición

Richard B. Ramsay

GRIEGO Y EXÉGESIS con *e-Sword* y *Logos*

Un manual práctico que enseña los fundamentos del griego y la exégesis con el uso de los programas computacionales *e-Sword* y *Logos*. (Segunda Edición)

Richard B. Ramsay

© 2024 Richard B. Ramsay
ISBN: 979-8-90148-117-2
Staten House

© 2006 Richard B. Ramsay

Adaptado y modificado de la primera versión con el título: *Griego y Exégesis,* publicado por Editorial CLIE, 2006

El autor

Dr. Ramsay fue misionero en Chile durante 21 años, enseñando en un seminario y plantando iglesias. Allí conoció a su esposa, Angélica. Ahora viven en Florida, EE.UU. Tienen dos hijos adultos. Durante los últimos 25 años, han trabajado internacionalmente en educación a distancia, viajando para impartir conferencias y produciendo recursos para la educación teológica y la formación de líderes. Richard ha sido profesor para la *Universidad FLET* y para *Thirdmill Seminary*, y ha desarrollado muchos cursos en línea, incluyendo cursos en griego y exégesis.

Tiene un Doctorado en Misiones y una Maestría en Divinidades de *Westminster Theological Seminary*, además de una Maestría en Teología de *Covenant Theological Seminary*.

Otros libros del autor incluyen *Certeza de la fe, ¿Cuán bueno debo ser?, Católicos y protestantes, Integridad intelectual, A Su imagen, Fortalece tu fe, Sinopsis de la Biblia, Exploremos Génesis* (coautor), *Armemos el rompecabezas,* y *Orientación para líderes.*

Dedicatoria

Quisiera dedicar este libro a mi esposa,
María Angélica,
mi mejor amiga y sabia consejera.

Contenido

PREFACIO

¿Le gustaría aprender a hacer un estudio profundo de un pasaje del Nuevo Testamento, usando el idioma griego? Posiblemente no le interese ser un experto en griego, pero quisiera aprender suficiente para usar las herramientas lingüísticas que están disponibles en forma digital.

Este texto enseña los elementos básicos de la gramática griega, vocabulario importante, y los pasos para hacer una exégesis, usando los programas de software *e-Sword* y *Logos*. El estudiante será guiado a seleccionar un pasaje breve para hacer una exégesis completa y presentar un informe escrito. ¡Los resultados de su propia investigación de las Escrituras sin duda le sorprenderán!

El libro fue escrito para alumnos de habla hispana, y ha sido desarrollado en el contexto de clases presenciales en varios países. Las explicaciones de la gramática griega hacen referencia a la gramática española para comprender mejor el significado. Además, se muestra cómo pronunciar las palabras griegas de acuerdo con la fonética española. Así el alumno sabrá pronunciar las palabras correctamente.

Para realizar los ejercicios de este curso, el alumno deberá tener acceso a uno de los dos programas de software, *e-Sword* o *LOGOS*, con algunos recursos

lingüísticos instalados, especial
Testamento en griego y un léxicc
Nuevo Testamento.

Existen cursos programados basados en este libro en los sitios de Thirdmill.org, ThirdmillSeminary.org, y LaBibliaaFondo.com.

También hay ejercicios *PowerPoint* en los siguientes sitios *de Thirdmill y LaBibliaaFondo.* (No podemos garantizar que siempre estén disponibles.)

https://slearning.thirdmill.org/mod/folder/view.php?id=4002
https://labibliaafondo.com/mod/folder/view.php?id=2375

Quisiera agradecer a los alumnos que tomaron este curso en el Seminario Los Pinos en Cuba, y otros que estudiaron conmigo en Mérida y en Miami. Aquellas experiencias me permitieron mejorar el libro. Además, quisiera agradecer a mi esposa María Angélica y a Esteban Sepúlveda, por la redacción del español, y al profesor Elliott Green por su revisión del griego y por sus excelentes sugerencias.

1. ¿POR QUÉ ESTUDIAR GRIEGO?

Para algunos, aprender un idioma es un proceso fascinante, ya que les abre una puerta a un mundo nuevo de pensamientos y costumbres. Sin embargo, para otros, es como perderse en un laberinto sin salida. Entendemos que hay quienes no desean estudiar un curso completo de griego. Otros simplemente no tienen el tiempo para dedicarse al aprendizaje de un idioma. Esto no significa que no sean buenos estudiantes, o que no puedan ser buenos pastores, predicadores, o profesores de teología.

Al mismo tiempo, todos debemos reconocer la importancia de saber lo suficiente de griego para emprender una exégesis seria de un pasaje del Nuevo Testamento. Puesto que los manuscritos originales fueron escritos en griego, es imprescindible saber algo de este idioma para obtener una buena interpretación. Hay tesoros de sabiduría bíblica esperando ser descubiertos, pero muchos carecen de las herramientas necesarias para ir en su búsqueda.

El propósito de este curso es enseñar los fundamentos del griego y un método para hacer exégesis. De esta manera el estudiante estará capacitado para hacer un análisis serio de los textos del Nuevo Testamento, sin tener que haber hecho un estudio completo del idioma.

Si alguien desea estudiar griego en forma más completa, existen otros textos disponibles. Recomendamos especialmente *Aprendamos griego del Nuevo Testamento*, por Clarence Hale (Editorial Unilit-Logoi, 2001, disponible en la biblioteca de *Logos*) y *Curso de griego bíblico* por Jeremy Duff (Editorial CLIE ,2019).

Algunas razones por las que es importante estudiar griego y el uso de herramientas lingüísticas griegas son las siguientes:

1.1. Nos ayuda a resolver dudas bíblicas y teológicas.

Algunas preguntas realmente no pueden responderse sin examinar el texto griego. Aquí hay dos ejemplos:

a) ¿Lleno o llenado del Espíritu?

Uno de los temas que actualmente divide a los estudiosos de la Biblia es la doctrina de la plenitud del Espíritu Santo. Hay distintas opiniones acerca de la interpretación de algunos pasajes del *Libro de los Hechos*. Sin pretender resolver todos los debates teológicos, quisiera mencionar algunos aspectos lingüísticos que ayudarán en la búsqueda de claridad.

Algunos hacen distinciones técnicas entre términos como ser «bautizado» por el Espíritu, «recibir» el Espíritu, y la tener la «plenitud» del Espíritu. No obstante, al investigar el uso de estas palabras y frases en griego, queda bastante claro que casi todas estas distinciones técnicas desaparecen, porque estas frases se usan en forma intercambiable.

Por ejemplo, se hace referencia al mismo evento del día de Pentecostés, usando cuatro frases distintas: «seréis bautizados por el Espíritu Santo» (1:5), «cuando haya venido sobre vosotros el Espíritu Santo» (1:8), «fueron todos llenos del Espíritu Santo» (2:4), y «derramaré mi Espíritu» (2:17,18). Compare también Hechos 8:14-18, Hechos 10:44- 47, y Hechos 11:15-16. Por lo tanto, tenemos que descartar una distinción clara entre el significado teológico de los términos mencionados.

Pero hay otra distinción lingüística notable en el libro de Hechos. Se puede observar una distinción entre el adjetivo «lleno» y la forma pasiva del verbo «llenar». Por un lado, se habla de ser «lleno» del Espíritu Santo como una *característica* de una persona, es decir, la descripción de un estado de madurez espiritual. Por otro lado, se habla de «ser llenado» del Espíritu Santo como una *experiencia,* es decir, como el resultado de una manifestación especial del Espíritu capacitando a una persona para una tarea especial. Desgraciadamente, en las traducciones al español no se advierte esta diferencia, pero en el griego la distinción es clara.

Cuando se habla de la característica, se usa un adjetivo, πλήρης (p*lê´rês,* lleno). Esto describe una situación más permanente. Es como decir que la persona es «alta» o «bonita». En estos casos, la persona es «llena del Espíritu».

El autor de Hechos utiliza este adjetivo cuando describe a los hombres elegidos como diáconos en el capítulo seis.

Hechos 6:3
Buscad, pues, hermanos, de entre vosotros a siete varones de buen testimonio, *llenos* (πλήρεις plê´reis) del Espíritu Santo...[1]

Uno de los diáconos era Esteban, *varón lleno de fe y del Espíritu Santo* (Hechos 6:5) También dice de Bernabé que era un «*varón bueno y lleno del Espíritu Santo y de fe*» (Hechos 11:24). En estos versículos, se usa también el adjetivo, πλήρης (plê´rês).

Cuando Lucas habla de ciertas *experiencias* en *Hechos*, usa un verbo, frecuentemente πίμπλημι (*pímplêmi*), y a veces πληρόω (*plêróô*). Normalmente está en voz pasiva. La voz pasiva del verbo se usa para decir que el sujeto recibió el resultado de una acción, por ejemplo, que un libro fue «comprado», o una casa fue «pintada». En este caso, una persona fue «llenada» del Espíritu Santo. El problema es que no se acostumbra a usar así el verbo en español, y por lo tanto la traducción en muchas versiones en español es «lleno». Es decir, se traduce el verbo tal como el adjetivo, y se pierde la distinción.

---

[1] Los pasajes bíblicos en este libro son citados de la versión *Reina Valera 1960*, excepto donde se indica de otra manera.

¿Por qué estudiar griego?

Los siguientes pasajes contienen ejemplos de esta forma de usar el verbo:

Hechos 2:4
Y fueron todos *llenos* (ἐπλήσθησαν, eplê´sthêsan) del Espíritu Santo, y comenzaron a hablar en otras lenguas... (Literalmente, «Y fueron todos llenados...»)

Hechos 4:8
Entonces Pedro, *lleno* (πλησθεὶς, *plêsthéis*) del Espíritu Santo, les dijo:... (Literalmente, «Entonces Pedro, habiendo sido llenado del Espíritu....»)

Vea también Hechos 4:31, 9:17-18, 13:9 y 13:52.

Sin hacer un estudio acabado del tema teológico de la plenitud del Espíritu Santo, la evidencia es suficiente para establecer una distinción de conceptos, basada en una distinción gramatical. Podemos observar una distinción entre una *característica* de una persona, su madurez espiritual, y una *experiencia* de una persona, siendo capacitado para un ministerio. Esto nos sirve como una ilustración de la importancia de aprender algo de griego. Este tipo de estudio bíblico es sencillamente imposible si no manejamos las herramientas lingüísticas.

b) La justificación según Pablo y Santiago

Uno de los problemas exegéticos más importantes es la comparación del concepto paulino con el concepto santiaguino de la justificación. A primera vista, estos dos autores se contradicen. Compare por ejemplo Romanos 3:28 («*Concluimos, pues, que el hombre es justificado por fe sin las obras de la ley*») con Santiago 2:24 («*Vosotros veis, pues, que el hombre es justificado por las obras, y no solamente por la fe.*»)

Sin embargo, al estudiar los diferentes significados de la palabra δικαιόω (*dikaióô*), se ve una distinción importante: Pablo usa el término en un sentido legal, forense, comunicando la idea de un veredicto divino que declara a alguien libre de culpa, mientras Santiago lo utiliza en el sentido de la vida personal, comunicando la idea de que un hombre justo mostrará la evidencia de su carácter por sus hechos.

La palabra griega δικαιόω (*dikaióô*) no siempre indica perdón de pecados o libertad de culpa. Por ejemplo, en algunos pasajes, se habla de Dios mismo siendo «justificado» (Romanos 3:4). Obviamente, Dios no necesita perdón. La idea es que Dios es *manifestado* como justo, que Dios es vindicado. En la *Biblia Latinoamericana 1995*, se traduce el mismo verbo δικαιόω (*dikaióô*) en Santiago 2:21 con la frase, «reconocido justo» («¿No fue *reconocido justo* nuestro antepasado Abraham por lo que hizo...?») La traducción en inglés, *New International Version* (NIV, en *Bible Gateway*) traduce la palabra δικαιόω (*dikaióô*) «considered righteous» (considerado justo) en los tres

16

versículos 2:21, 2:24 y en 2:25.[2] Me parece que evitaríamos muchos problemas teológicos si tradujéramos los tres versículos Santiago 2:21, 24 y 25 con la frase «reconocido justo» o «considerado justo». Esta traducción concuerda bien con el contexto de la carta de Santiago, en donde se corrige el problema del libertinaje.

1.2. Podemos leer materiales teológicos.

Muchos comentarios bíblicos serios hacen referencia a palabras griegas y gramática griega. El lector que no sepa nada del idioma se verá limitado en su capacidad para hacer uso de estos recursos. Además, muchos libros teológicos dan definiciones de palabras griegas o explican la importancia de las formas gramaticales para argumentar su punto. Por ejemplo, algunas personas abogan por el bautismo solo por inmersión, diciendo que la palabra para «bautizar» (βαπτίζω, *baptízo*) significa siempre sumergir.[3] Otros no están de acuerdo y señalan pasajes que usan la palabra para referirse a rociar, lavar o derramar. Si el

---

[2] Otras ediciones de la NIV en inglés solamente traducen la palabra así en versículos 2:21 y 2:25, y traducen la palabra en versículo 2:24 como «justified».

[3] Vea por ejemplo Glenn Barteau, «Baptizo: The Meaning of Baptism», 16 de julio, 2014. <https://preachitteachit.org/sermons/baptizo-the-meaning-of-baptism/> vs. Matt Slick, «Does the word baptism mean immersion or sprinkling?», August 22, 2013, <https://carm.org/about-baptism/does-the-word-baptism-mean-immersion-or-sprinkling/>.

lector no sabe nada de griego, o no sabe cómo usar las herramientas adecuadas para investigar el punto, simplemente tendrá que aceptar las opiniones de otras personas.

1.3. Podemos descubrir nuevos tesoros.

Incluso cuando estamos estudiando textos que no son tan difíciles o polémicos, a menudo un estudio de las palabras en griego enriquecerá nuestra comprensión de un pasaje. Términos como «mundo» (κόσμος, *kósmos*), «carne» (σάρξ, *sarx*), y «animar» (παρακαλέω, *parakaléō*, literalmente «llamar al lado»), están repletos de significado. Cuando los estudiamos, abrimos un baúl de tesoros.

Según un diccionario, la palabra griega traducida «adorar» (προσκυνέω, *proskunéō*) viene de πρός (*pros*, que significa «hacia», «junto a») y κυνέω (*kunéō*, que significa besar).[4] Puede significar «inclinarse» ante alguien. El léxico de Arndt y Gingrich dice que el término «se usaba para designar la costumbre de postrarse ante una persona y besarle los pies, el borde de su vestido, el suelo, etc. Los persas lo hacían delante de su rey que deificaban y los griegos delante de sus divinidades o

---

[4] R.L. Thomas, *New American Standard Hebrew-Aramaic and Greek dictionaries : updated edition*. Foundation Publications, Inc., 1998. (En software *Logos*.)

algo santo.»[5] Esto ilustra gráficamente el significado de la adoración.

Debemos ser cuidadosos cuando nos referimos a la etimología de un término o al significado de las palabras usadas en combinación para formar otro término. Sin embargo, en este caso, parece tener apoyo de buenas fuentes para nuestra interpretación de προσκυνέω.

1.4. Algunas instituciones lo requieren.

Muchos programas de estudios superiores requieren un conocimiento de griego de parte de sus alumnos. Es porque muchos de los recursos que tendrán que estudiar se refieren al griego y suponen que tienen un conocimiento del mismo. Además, a menudo esperan que hagan uso del griego para explicar y defender su punto de vista. Muchas denominaciones también requieren algún conocimiento de griego, tal vez también de hebreo, para poder ser ordenado como ministro.

---

[5] Arndt, Gingrich, Danker, & Bauer, *A Greek-English lexicon of the New Testament and other early Christian literature*, University of Chicago Press (en software *Logos*), 1979, p. 716.

1.5. Nos acerca a la Palabra de Dios.

Finalmente, y este es realmente el punto más importante: nos acerca a la Palabra de Dios, y también a Dios mismo. El Nuevo Testamento fue escrito en griego y, como dice el Dr. William Mounce, leer cualquier cosa que no sea la versión griega original nos aleja «un paso» más.[6] Queremos acercarnos a las Escrituras y sentir el calor de la cercanía del Señor, tal como los dos discípulos en el camino a Emaús cuando Jesús les abrió sus ojos.

Lucas 24:27, 32
Y comenzando desde Moisés, y siguiendo por todos los profetas, les declaraba en todas las Escrituras lo que de él decían. ... Y se decían el uno al otro: ¿No ardía nuestro corazón en nosotros, mientras nos hablaba en el camino, y cuando nos abría las Escrituras? (RVR60).

---

[6]Bill Mounce, «Why Greek Matters», <https://youtu.be/fH8MOb01qJA>

2. ¿CÓMO HACER UNA EXÉGESIS?

La *exégesis consiste en* extraer el significado del pasaje. El término viene de ἐξάγω (*exságô*), literalmente «extraer, sacar, llevar o conducir fuera». Cuando Dios inspiró cada palabra de las Escrituras, tenía un mensaje que comunicar, y eso es lo que queremos analizar. Puesto que cada palabra es inspirada, debemos manejarla con extremo cuidado. No queremos agregar ideas propias, ni sacar conclusiones que no estén expresadas en el pasaje, sino *sacar fuera* lo que ya está en el pasaje. Cada vez que predicamos o enseñamos sobre un pasaje de la Biblia, los oyentes deben entender claramente que el punto principal de nuestro mensaje se basa en el texto y no en nuestras propias ideas.

Recomiendo la siguiente pauta cuando preparamos un mensaje o una clase: Supongamos que alguien escucha el mensaje y se va a su casa para contarles a su familia de qué se trataba. Si le preguntan a esa persona de dónde viene la idea, o cómo podría defender tal idea, la persona no debería tener problemas en demostrar cómo el pasaje bíblico confirma el punto principal del mensaje. Por ejemplo, si un pastor predica de Efesios 2:8-9 («Porque por gracia habéis sido salvados por medio de la fe, y esto no de vosotros, sino que es don de Dios; no por obras, para que nadie se gloríe.»), y el punto principal de su mensaje es que no podemos ganar nuestra propia salvación, el oyente no tendrá problema en mostrar que estos versículos expresan esa idea. Por otro lado, si el punto principal de un predicador es que «la fe es creer lo imposible», el oyente no podrá demostrar esa idea del pasaje. Este ejemplo es obvio, pero en realidad muchos pastores y maestros simplemente piensan en algo que les gustaría comunicar, y luego buscan algún pasaje para apoyar su propia idea. Por lo tanto, con frecuencia distorsionan el punto del texto bíblico.

Al interpretar correctamente las Escrituras, siendo guiados por el Espíritu Santo, recibiremos una gran bendición espiritual y conoceremos mejor a Jesucristo, quien es el mensaje central de las Escrituras. La exégesis nunca debe convertirse en un mero ejercicio intelectual.

Hay cinco pasos principales para una exégesis:

1) Hacerse preguntas
2) Analizar el contexto original
3) Analizar el significado lingüístico
4) Analizar el pasaje bíblica y teológicamente
5) Aplicar el mensaje en el contexto actual

2.1. Hacerse preguntas

A lo largo de todo el proceso de exégesis, es muy importante hacerse preguntas constantemente. Si no tiene preguntas, no aprenderá mucho. Si no está buscando respuestas, podría perderse en el vasto bosque de datos.

El Señor a menudo guía nuestras aplicaciones de sermones con las preocupaciones que tenemos. Por lo general, los pastores descubren que cuando están luchando con algo, los miembros de su congregación están luchando con algo similar. Así que, cuando hablan de estos temas, ayudan a su congregación también.

De manera similar, cuando estudian un pasaje sobre el cual tienen preguntas, el fruto de su estudio también beneficiará a otros. Por ejemplo, puede parecer que un pasaje contradice a otro o enseña algo que contradice su comprensión de cierta doctrina bíblica. Es probable que otros tengan dudas similares, y así el fruto de su estudio también los beneficiará.

Un aspecto clave de este paso es comparar diferentes traducciones del pasaje y notar cualquier diferencia. ¿Por qué hay diferentes versiones? ¿Cuál es la mejor traducción?

2.2. Analizar el contexto original

Dios reveló Sus pensamientos en un contexto histórico distinto al nuestro; de modo que debemos traer aquel pensamiento a nuestro contexto actual. Es decir, debemos saber qué quiso Él decir a la gente que recibió el mensaje en aquel entonces, y explicarlo de una manera en que la gente de hoy pueda entender lo mismo.

El mensaje original no cambia, pero el contexto sí cambia. La contextualización es el proceso de aplicar el mismo mensaje, pero insertándolo en las circunstancias actuales. Dios mismo guiará este proceso para beneficio de su pueblo.

LA CONTEXTUALIZACIÓN

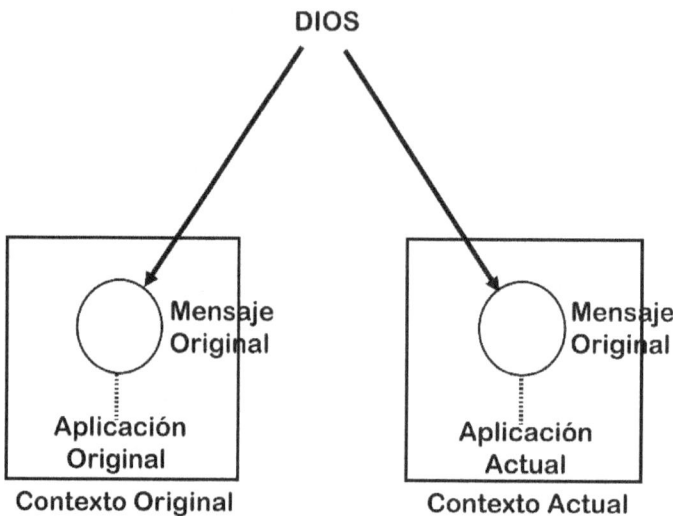

Richard Pratt considera que la aplicación es un aspecto del «significado» del mensaje. Él dice que debemos tratar de descubrir cómo Dios quería que la primera audiencia aplicara Su mensaje en conceptos, comportamiento y emociones, y luego descubrir cómo provocar el mismo cambio en conceptos, comportamiento y emociones en nuestra audiencia actual.[7]

---

[7] «He Gave Us Scripture, Lesson 1: Introduction to Biblical Hermeneutics.» Video seminary course curriculum, thirdmill.org. <https://thirdmill.org/seminary/course.asp/vs/HGB>

¿Cómo hacer una exégesis?

Hay dos aspectos del «contexto original» que necesitamos estudiar:

a) el contexto histórico
b) el contexto literario

a. El contexto histórico

Para estudiar el contexto histórico, podemos leer enciclopedias, introducciones, comentarios, y otros libros de información histórica. Hay que buscar datos de la época y del lugar relacionados con el pasaje bíblico en estudio.

Si está estudiando Juan 3:16, debería buscarse información de la época del Nuevo Testamento, datos acerca del apóstol Juan, datos de Palestina, datos de las costumbres de los judíos en esa época, de las filosofías y religiones populares, y datos del imperio romano.

Cuando leemos acerca de la purificación del templo en Juan 2:13-22, nos preguntamos por qué Jesús se enojó tanto. Un estudio del contexto histórico nos revela que los sacerdotes habían convertido el sistema de sacrificios en un negocio sucio.[8]

b. El contexto literario

Uno de los errores más comunes en la interpretación bíblica consiste en sacar un versículo de su contexto. Hay un chiste acerca de un hombre que cerró sus ojos, abrió la Biblia y seleccionó el primer

---

[8] Ver, por ejemplo, Alfredo Edersheim, *La vida y los tiempos de Jesús el Mesías* (Barcelona: CLIE).

versículo que su dedo apuntaba para buscar la voluntad de Dios en su vida. Al abrir sus ojos leyó Mateo 27:5, que dice, «se apartó, se fue y se ahorcó.» No conforme, buscó otro versículo al azar, ¡que resultó ser Lucas 10:37, «Ve y haz tú lo mismo»!

Con el fin de entender un pasaje, es importante considerar los versículos cercanos. Muchas veces, el pasaje que estamos estudiando está relacionado con el versículo anterior o con el versículo siguiente. Por otro lado, este constituye parte de un párrafo y un capítulo. Por lo tanto, debemos preguntarnos ¿Cuál es el tema del párrafo y del capítulo? ¿Cuál es el aporte que hace este pasaje al tema de la sección en la que se encuentra?

Además, debemos considerar el libro completo en que está contenido el pasaje en estudio. El exegeta debe familiarizarse con el estilo del autor, con los temas principales del libro, y con el género literario. También puede leer los comentarios o introducciones que explican los asuntos generales del libro bíblico. Por ejemplo, si está estudiando Juan 3:16, encontrará que el tema de la *fe* es clave en el Evangelio de Juan. (Ver Juan 20:31.)

Examine también los pasajes paralelos, especialmente aquellos del mismo autor. Podrían arrojar bastante luz acerca del pasaje.

Además, debemos considerar el libro completo que contiene nuestro pasaje. Ayuda a familiarizarnos con el estilo del autor y con los temas principales del libro. Por ejemplo, si estudiamos Juan 3:16, encontramos que el concepto de fe es clave para el evangelio de Juan. (Ver Juan 20:31).

También es importante tener en cuenta el género literario. Por ejemplo, ¿estamos estudiando un pasaje de una narración histórica, de un libro poético o de los profetas? ¿Estamos estudiando una historia en los evangelios, un sermón de Jesús, una carta de Pablo o literatura apocalíptica? Sería un error descuidar la naturaleza del libro de Eclesiastés y citar el versículo dos del primer capítulo para probar que la vida no tiene sentido («¡Vanidad de vanidades, todo es vanidad!»). Otro error común es leer un relato histórico y sacar conclusiones normativas incorrectas. Por ejemplo, alguien podría concluir que todos debemos vender nuestras propiedades como los creyentes en Hechos 2:45. Uno de los libros bíblicos más complicados para interpretar es Apocalipsis, porque está lleno de símbolos.

Los comentarios y las introducciones bíblicas pueden ayudarnos a analizar estos asuntos. Los pasajes paralelos también son cruciales, especialmente los del mismo autor o dentro de los evangelios. Pueden mejorar nuestra comprensión del pasaje que estamos estudiando. Muchas Biblias indican en el margen o al final de la página referencias a los pasajes correspondientes.

2.3. Analizar el significado lingüístico

El tercer aspecto de la exégesis es el estudio lingüístico del pasaje. ¿Qué significan las palabras? ¿Hay algo especial en la gramática o la estructura del pasaje que nos ayude a entenderlo? Por ejemplo, para entender mejor Juan 3:16 («De tal manera amó Dios al mundo...»), debemos analizar el significado de términos como «mundo» y «vida eterna».

En este paso de la exégesis es donde necesitaremos algo de conocimiento de griego. El análisis lingüístico del pasaje consta de tres aspectos:

a. La semántica (el significado de las palabras),
b. La morfología (formas de las palabras), y
c. La sintaxis (la estructura de las oraciones).

En realidad, estos tres aspectos son inseparables. Sin embargo, explicaremos cada uno por su cuenta.

a. La semántica (el significado de las palabras)

Las palabras son los materiales básicos del lenguaje y, a menudo, se usan en una amplia variedad de formas. Dado que no podemos simplemente estar satisfechos con la elección de definiciones de otra persona, debemos investigar los posibles significados y elegir por nosotros mismos el más apropiado para nuestro pasaje. Incluso si estamos de acuerdo con la elección del traductor, descubriremos sutiles matices en las palabras que nos ayudarán a interpretar el pasaje.

Para hacer una exégesis de Juan 3:16, por ejemplo, deberíamos estudiar las palabras «mundo», «amó», y «creer». Para Juan 1:4, las palabras importantes son «vida» y «luz». Si estamos estudiando Efesios 5:23, el significado de «cabeza» sería clave para entender el papel del hombre en la familia.

b. La morfología (las formas de las palabras)

En este aspecto, evaluamos la importancia de la forma de las palabras: los tiempos, voces y modos de los verbos, los casos en que se encuentran los sustantivos y adjetivos, y cualquier otra forma de análisis morfológico que pueda afectar nuestra comprensión del pasaje. En esta etapa de la exégesis aplicaremos los conocimientos del griego que estamos adquiriendo en este curso.

c. La sintaxis (la estructura de las oraciones, la relación entre las palabras)

Para analizar la sintaxis, reflexionamos acerca de las cláusulas y frases, y las relaciones existentes entre ellas.

Este segundo paso principal de la exégesis, el análisis lingüístico, concluye con la realización de una propuesta personal de traducción del pasaje en estudio, con una explicación de por qué lo tradujo así.

2.4. Analizar el pasaje bíblica y teológicamente

Ahora trate de entender el significado del pasaje en el contexto de toda la Biblia. Tenga en cuenta, por ejemplo, si el pasaje es del Antiguo Testamento o del Nuevo Testamento, la época de los patriarcas o la época de los profetas. ¿El pasaje que está estudiando está dentro de los evangelios, el *Libro de los Hechos*, las cartas del Nuevo Testamento o el *Libro de Apocalipsis*?

¿Qué nos enseña su pasaje acerca de Jesús y la salvación? Medite en el esquema global del plan de Dios, teniendo en cuenta la línea de la historia, de principio a fin, con la cruz en el centro, analizando cómo encaja el pasaje en el panorama general.

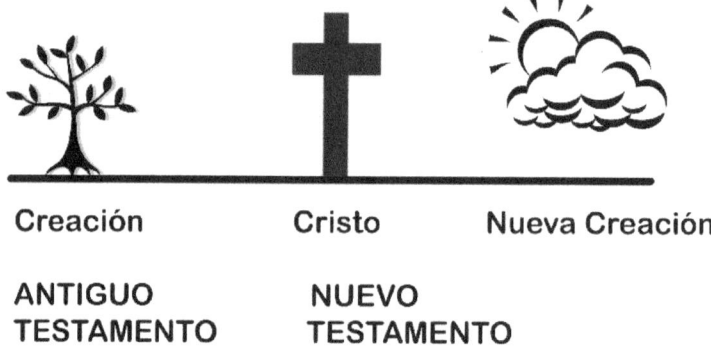

Creación   **Cristo**   **Nueva Creación**

ANTIGUO TESTAMENTO   **NUEVO TESTAMENTO**

Pablo dijo: «pues nada me propuse saber entre vosotros, excepto a Jesucristo, y éste crucificado.» (1 Corintios 2:2). De alguna manera, cada versículo de la Biblia está relacionado con Jesús. Los recursos en el área llamada «teología bíblica» pueden ayudarnos con este proceso.[9]

¿Cuáles son las preguntas teológicas que surgen? ¿Su primera comprensión del versículo parece contradecir otro pasaje de la Biblia? ¿Contradice otra doctrina importante? Trate de armonizarlo con el resto

---

[9] Vea la serie de videos de Third Millennium Ministries, «Él Nos Dio las Escrituras», por ejemplo, y Dennis Johnson, *Caminando con Jesús* (Editorial CLIR).

de las Escrituras. Investigue cómo el resto de la Biblia maneja el tema de su pasaje.

Por ejemplo, si está estudiando Juan 3:16, podría tener preguntas como: ¿Qué significa «mundo» en este contexto? Si el «mundo» es toda la humanidad, y si Dios ama al «mundo», ¿por qué no salva a todos? ¿Qué significa «creer» en Jesús? ¿Qué es la «vida eterna»?

También podría preguntarse qué significa que Jesús era el hijo «unigénito». Para algunos, la palabra podría sugerir que Jesús haya *nacido*. El problema es aún más común para los que leen las traducciones en inglés como las versiones *King James* o *American Standard*, porque la frase «only begotten» significa literalmente «único nacido». Esta duda condujo a una controversia doctrinal en el siglo IV. Arrio y sus seguidores habían llegado a la conclusión que Jesús no era completamente divino. El tema fue debatido durante años y finalmente condujo al Concilio de Nicea en 325, en que se condenó el arrianismo. Un estudio de la palabra en griego μονογενής (*monogenês*) nos ayudará a resolver esta controversia.

2.5. Aplicar el mensaje en el contexto actual

Finalmente, no habremos terminado el ejercicio de exégesis mientras no hayamos encontrado una aplicación a nuestra propia vida y nuestro ministerio. No habremos comprendido el mensaje mientras no sepamos cómo aplicarlo en forma concreta a la situación en que vivimos.

Aunque el mensaje original de Dios no ha cambiado, la aplicación puede ser diferente para nosotros hoy. Si nuestro mensaje se basa en Juan 2:13-22 (la purificación del templo), probablemente no hablaremos de cuidar cómo actuamos en torno al templo de Jerusalén, sino de cómo cuidamos de la Iglesia de Cristo, o como cuidamos de nuestros propios corazones y cuerpos (Ver 1 Corintios 3:16-17).

3. La Instalación de *e-Sword* y *Logos*

Este capítulo enseña cómo instalar y usar los programas *e-Sword* y *Logos*. Usted puede elegir el programa que prefiere.

Ya que estos programas se actualizan frecuentemente, recomendamos buscar tutoriales en video recientes para visualizar las instrucciones de acuerdo con las últimas modificaciones. En este libro explicaremos los conceptos, pero los detalles pueden cambiar.

E-Sword

Se puede descargar *e-Sword* en forma gratuita en el siguiente sitio:

http://www.e-sword.net/downloads.html. Está disponible también para otros sistemas de operación. Vea donde dice «*e-Sword* is also available for Android and Apple Mac, iPad, and iPhone!»

Cambiar la interfaz al español

Una vez instalado, puede cambiar la interfaz del programa al español. Busque en el menú «Options», «Language», y seleccione «Español».

Instalar recursos en *e-Sword*

a. Después, debe descargar algunas versiones de la Biblia. Para hacer eso, busque en el menú «Descargar», y seleccione «Biblias».

b. Busque la lista de Biblias en español, como la Reina Valera, La Reina Valera con los números Strong, La Biblia de las Américas y la Nueva Biblia de las Américas. Si está en la lista debajo de «libre», es gratis. Selecciones las versiones que prefiere.

c. Al hacer «clic» sobre el título del recurso, se instalará automáticamente. *Sin embargo, tendrá que reiniciar el programa para que aparezcan los nuevos recursos.*

d. Busque también dos versiones de la Biblia en griego: Greek NT, y Greek NT WH+ (Greek New Testament Westcott-Hort w/Strong's Numbers).

e. También debe descargar un diccionario llamado «RMAC: Robinson's Morphological Analysis Codes». Siga las mismas instrucciones, pero seleccione «Diccionarios» en lugar de «Biblias» en la lista de herramientas para descargar.

f. Puede descargar otras versiones de la Biblia, comentarios, diccionarios, lo que usted prefiera. También puede comprar recursos.

Instalar otros recursos externos

Hay otros recursos en español para e-Sword que no están disponibles en el programa mismo de e-Sword.

a. Busque este sitio de Thirdmill.org: <https://slearning.thirdmill.org/mod/folder/view.php?id=7906>

b. Si por alguna razón, esto no funciona, busque «Recursos de e-Sword» en el sitio «La Biblia a Fondo» y abra la carpeta «Recursos en español para e-Sword».

c. Descargue todos los archivos en una carpeta nueva en su computadora.

d. Antes de instalar los recursos, cierre su programa de *e-Sword.*

e. Después, en su computadora, haga doble clic sobre el archivo que estaba incluido en estos recursos llamado «ModuleInstallerSetup06.exe», y siga las instrucciones para instalarlo.

f. Finalmente, haga doble clic sobre todos los demás archivos, uno por uno, siguiendo las instrucciones. Haciendo esto, estos recursos se instalarán en la carpeta de *e-Sword* en su propia computadora.

g. Ahora abra el programa para ver si están instalados.

NOTA para usuarios de computadoras MAC:

Es posible que los recursos que ofrecemos arriba no funcionen con el sistema MAC. Si es así, podría convertirlos. Vea el siguiente video para ver cómo instalar un programa que los convierte: <https://gloria.tv/post/nrUKaKSd8cn23PMkQvNYznhdd#230>

El uso de *e-Sword*

a. Recomendamos abrir todas las ventanas para ver las versiones de la Biblia, los diccionarios, los comentarios, y un lugar para escribir notas. Haga clic sobre «Ventana» y seleccionar «Mostrar todas las ventanas».

b. Para buscar un pasaje, haga clic sobre el libro bíblico en la columna a la izquierda. Después haga clic sobre el capítulo en la segunda columna. Ahora puede seleccionar la versión de la Biblia que desea leer y cambiar fácilmente a otra versión. Todas las versiones de la Biblia están conectadas y abrirán al mismo capítulo que ha seleccionado.

c. Los otros recursos también deben estar conectados al mismo pasaje, como los diccionarios y los comentarios. So no están conectados, pulse sobre la pequeña cadena en el menú. Si quiere leer un comentario, búsquelo en la otra ventana. Por ejemplo, busque el comentario de A.T. Robertson.

Logos

Para instalar el programa *Logos*, vaya al siguiente sitio: <https://www.logos.com/>

Como están frecuentemente actualizando su programa y los recursos que ofrecen, recomendamos conversar con un agente para que le ayude a seleccionar la biblioteca que le conviene más. Explique que desea hacer exégesis del Nuevo Testamento en griego. Para hacer las tareas de exégesis de este libro, necesitará una versión que incluye lo siguiente: un Nuevo Testamento en griego *con morfología*, un léxico griego-español, comentarios en español, y las «guías/flujos de trabajo» como el «estudio de palabra» y «análisis de texto».

Una vez que tenga instalado el programa, vea un tutorial para aprender a manejarlo. De todas maneras, ofrecemos algunas instrucciones básicas:

Cambiar la interfaz al español

Si la plataforma está configurada en inglés, puede cambiar el idioma a español. Probablemente hay un símbolo de tres puntitos a la izquierda o arriba a la derecha como el siguiente:

⋮

Pulse estos puntitos y y seleccione «Program Settings». En algunas versiones, puede decir simplemente «Settings.» Busque «Language» y seleccione «Spanish». Ahora, debería apagar el programa y abrirlo de nuevo, para que funcione en español.

Instalar recursos

a. Abra la biblioteca. Probablemente hay un símbolo como el siguiente para representarla:

b. Debería instalar un Nuevo Testamento en griego con morfología, como la Edición «SBL.» Escriba «SBL» en el espacio indicado, y seleccione el texto. Haga doble clic para colocarlo en la ventana.

c. Si están disponibles en su biblioteca de *Logos*, debería instalar otras versiones del NT en griego, como «The Greek New Testament, Fourth Revised Edition (with Morphology)».

d. Puede instalar varias traducciones de la Biblia. Recomendamos la versión Nueva Biblia de las Américas (NBLA) y alguna versión de la Reina Valera (como RV60, RVR95, RVRA., y la Nueva Versión Internacional (NVI).

e. Debe instalar un diccionario griego-español, como el léxico de Alfred Tuggy.

f. *Logos* tiene muchas opciones de enciclopedias, diccionarios bíblicos, comentarios, y otros recursos, dependiendo del paquete incluido en la versión que ha instalado.

Comprar nuevos recursos

Siempre puede comprar nuevos recursos también.

a. Abra la biblioteca y haga clic sobre «Añadir a la biblioteca.»

b. Escriba lo que está buscando, como un diccionario. Si le interesa algo, puede ver una «vista previa».

c. Al hacer doble clic, se abre otra ventana para comprarlo. Se instalará en el programa.

d. Recomendamos, por ejemplo, el *Diccionario Strong de Palabras Originales del Antiguo y Nuevo Testamento.*

Priorizar

Al instalar recursos, puede priorizarlos. Por ejemplo, puede seleccionar *La Nueva Biblia de las Américas,* usar el botón derecho del mouse, y seleccionar la opción para dar prioridad al recurso.

Buscar un pasaje

Para estudiar Juan 3:16, escriba la referencia en el espacio indicado y haga clic. Puede abreviarlo así: «jn 3.16». ¡Ahora puede hacer una exégesis de este versículo!

Conectar los recursos en un sistema

Recomendamos conectar los recursos en un sistema, para usarlos mejor al estudiar un pasaje. Por ejemplo, para hacer un sistema «A», seleccione el recurso, como el Nuevo Testamento en griego, haga clic sobre los tres puntitos al lado derecho de la ventana, y seleccione la opción de vincular el conjunto «A».

Después, haga lo mismo con otros recursos que desea incluir en este sistema. Por ejemplo, los diccionarios y comentarios.

Cuando está leyendo un pasaje bíblico, las otras versiones y los comentarios estarán abiertos al mismo pasaje.

Los entornos

Puede hacer clic sobre «Entornos» en el menú y seleccionar cómo desea arreglar las ventanas. También puede mover un recurso de una ventana a otra. Pulse sobre el logo del recurso, apriete el botón izquierdo y manténgalo apretado mientras mueva el logo al nuevo sitio en la otra ventana. La próxima vez que abra el programa, pude seleccionar el entorno que tenía cuando cerró el programa, puede seleccionar un entorno que usaba previamente, y puede seleccionar un nuevo arreglo.

«Guías/Flujos de trabajo»

Hay diferentes «guías» para estudiar. Para exégesis, recomendamos especialmente «Análisis de texto» y «Estudio de palabra bíblica». Veremos cómo usar esta herramienta en otro capítulo.

Comparar traducciones

Para comparar versiones de la Biblia, busque «Herramientas» en el menú y seleccione «Comparación de versiones». Selecciones las versiones que deseaa comparar y escriba la referencia del versículo que desea estudiar.

TAREA #1 DE EXÉGESIS: EL PASAJE Y LAS PREGUNTAS

1. Busque el «Informe de exégesis» al final del libro. Puede copiar este documento y abrirlo como un nuevo documento en su computadora. Si prefiere, puede imprimirlo y escribir sus respuestas a mano. En este documento, va a escribir los resultados de su investigación exegética.

2. Seleccione su pasaje del Nuevo Testamento para estudiar.

Pida al Señor que le muestre un pasaje que debería estudiar para el proyecto de exégesis. Debe ser breve, de 1-3 versículos. Sugerimos los siguientes pasajes:

Mateo 5:17
Mateo 24:33-34
Juan 3:5-6
Juan 4:24
1 Corintios 11:5-6
1 Timoteo 2:11-13
Apocalipsis 20:1-3

Si prefiere, puede seleccionar otro pasaje. (Dado que Juan 3:16 y Juan 1:1 se usarán constantemente en las lecciones, ninguno de estos dos versículos debe ser el texto de estudio.) Piense en algunos pasajes que le cuesta entender, o que le gustaría investigar más. Piense en algo que sería de beneficio para su propia vida espiritual y que también sería de beneficio para los hermanos de su iglesia o su grupo de estudio bíblico. Medite sobre estos pasajes hasta sentir la dirección del Señor en la selección de su pasaje de estudio.

3. Cuando haya decidido, escriba su pasaje en su documento, usando la traducción que normalmente usa para el estudio de la Biblia.

4. Explique por qué ha seleccionado el pasaje.

5. Vea otras 4 o 5 traducciones y anote las diferencias que encuentre. Pueden ser traducciones que tienen en su biblioteca o traducciones que se encuentran en su software.

También puede usar sitios del Internet como «Bible Gateway» para ver otras traducciones. Coloque la referencia del pasaje y cambie el idioma a español.

6. Escriba cualquier otra pregunta sobre el pasaje. Por ejemplo, ¿hay alguna palabra o frase que no entiende? ¿Hay alguna enseñanza que parezca difícil de entender o que parezca contradecir otros versículos bíblicos o doctrinas?

7. Anote lo que espera aprender al estudiar este pasaje.

8. Lea un par de comentarios para ver brevemente posibles interpretaciones. (Leeremos comentarios más detenidamente en las últimas etapas de su investigación.)

4. EL ALFABETO GRIEGO Y LA PRONUNCIACIÓN

4.1. El alfabeto

En esta lección, memorizará el alfabeto griego, junto con la pronunciación de cada letra. También aprenderá sobre los acentos y marcas de respiración. Cuando termine, podrá escribir el alfabeto griego, pronunciar cada letra y pronunciar una lista de palabras griegas.

Lo primero que tiene que aprender en cualquier idioma es el alfabeto. Conviene memorizarlo para poder buscar una palabra en un diccionario. Casi todas las letras usan una letra equivalente en español para su transliteración. Sin embargo, algunas requieren una combinación de dos letras.

Afortunadamente, el alfabeto griego tiene muchas similitudes visibles con el español. Además, una vez que sepa pronunciar griego, verá muchos paralelos fonéticos. Por ejemplo, ya vimos la palabra κόσμος (mundo). Cuando sabe que se pronuncia *kósmos*, ve la relación con la palabra *cosmos*. Cuando sabe que ἄνθρωπος (hombre) se pronuncia *ánthrôpos*, se ve la relación con palabras en español como «antropología».

Es más importante aprender las letras minúsculas (en la primera columna en la tabla abajo), ya que el Nuevo Testamento griego que se usa hoy en día está casi completamente escrito en letras minúsculas. Sin embargo, es una buena idea reconocer también las mayúsculas (en la segunda columna), ya que se usan para cosas como la primera palabra de un párrafo, nombres propios y los nombres de los libros de la Biblia.

Estudie la siguiente lista del alfabeto griego. Memorice cómo escribir las letras y cómo pronunciar los nombres de las letras en orden. Hay ejercicios (presentaciones *PowerPoint*) en el sitio de *Thirdmill* y en el sitio de *LaBibliaaFondo.* Puede descargar todos los ejercicios o abrirlos uno por uno. Busque ejercicio «01. (Vea el prefacio para los enlaces.) El alfabeto» para memorizar el alfabeto, con su pronunciación. También puede practicar cómo escribir y pronunciar las letras del alfabeto en el siguiente sitio:

< https://www.inthebeginning.org/ntgreek/alphabet/alpha.htm>.

		Nombre	Sonido
α	A	alfa	«a» como en «pago»
β	B	beta	«b» como en «baúl»
γ	Γ	gamma	«g» como en «gato»
δ	Δ	delta	«d» como en «dato»
ε	E	épsilon	«e» como en «estar»
ζ	Z	dseta	«dz» como el sonido de una abeja, «dzzz»
η	H	Eta	«e» como en «freno»

El alfabeto y la pronunciación

θ	Θ	theta	«z» española («th» en inglés, como en «theory»)
ι	Ι	iota	«i» como en «si»
κ	Κ	kappa	«c» como en «codo»
λ	Λ	lambda	«l» como en «ala»
μ	Μ	mu	«m» como en «más»
ν	Ν	nu	«n» como en «no»
ξ	Ξ	xsi	«xs» como en «éxito»
ο	Ο	ómicron	«o» como en «dorado»
π	Π	pi	«p» como en «para»
ρ	Ρ	rho	«r» como en «para»
σ ς	Σ	sigma, sigma final	«s» como en «sin» Se usa la σ en medio de una palabra y la ς al final de una palabra.
τ	Τ	tau	«t» como en «taco»
υ	Υ	úpsilon	«iu» como en «ciudad» (o «ü» en alemán)
φ	Φ	fi	«f» como en «faz»
χ	Χ	ji	«j» española
ψ	Ψ	psi	«ps» como en «pépsi»
ω	Ω	omega	«o» como en «¡oh!» (sonido largo)

4.2. Explicaciones de algunas pronunciaciones especiales

1. La combinación de vocales ou se pronuncia como «u».

2. Cuando γ está combinada con -γ , -κ, o -ξ, como --γγ, -γκ, o -γξ, el sonido de la primera γ cambia a «n». Por ejemplo, ἄγγελος (mensajero, ángel) se pronuncia *ánguelos*. Esto es porque el sonido de la g se perdería delante del sonido de *g*, *k*, o *xs*.

3. Las combinaciones πν y γν se pronuncian como «n». La π en estos casos es silenciosa. Por ejemplo, πνεῦμα (espíritu) se pronuncia «*néuma*», y γνῶσις (conocimiento) se pronuncia «*nósis*».

4. Algunos textos de griego recomiendan la pronunciación moderna para la υ (úpsilon), que es como la «i» latina. Otros prefieren la pronunciación de «iu» para distinguirla de la ι (iota). Es probable que se haya pronunciado la «iu» en el griego antiguo, y que haya cambiado a «i» cerca del tiempo del Nuevo Testamento, pero no hay absoluta certeza. Recomendamos la pronunciación «iu».[10]

4.3. Acentos gráficos

En el Nuevo Testamento en griego, y en casi cualquier documento que cite el griego, se usa acentos.

---

[10] Ver William Sanford LaSor, en *Handbook of New Testament Greek* (Grand Rapids: Eerdmans, 1973, tomo 2, p. B-33).

El alfabeto y la pronunciación

Hay tres clases de acentos: agudo (ó), circunflejo (õ) y grave (ò). Originalmente, indicaban un tono musical, más que un énfasis. Pero, ya que no sabemos usarlos como fueron usados originalmente, hoy en día los usamos para indicar solamente énfasis, tal como en español, y no hacemos distinción entre la pronunciación de los tres.

En los manuscritos más antiguos del Nuevo Testamento, se usaron solamente mayúsculas, sin acentos gráficos ni puntuación. Donde existía ambigüedad, el contexto indicaba el sentido de las oraciones. Posteriormente, en los manuscritos se comenzó a usar: la puntuación en el siglo V, los acentos en el siglo VII, y las minúsculas en el siglo X AD. Por lo tanto, no conviene invertir mucho tiempo en el aprendizaje de las reglas para la *colocación* de acentos, pero sí es importante poder *reconocerlos* para pronunciarlos correctamente y para evitar algunos casos de ambigüedad.

Las sílabas se clasifican como última (ἄν-θρω-**πος**), penúltima (ἄν-**θρω**-πος), y antepenúltima (**ἄν**-θρω-πος).

antepenúltima	penúltima	última
Ἄν-	-θρω-	-πος

En el caso de la palabra ἄνθρωπος («hombre»), el acento está sobre la antepenúltima sílaba. En el caso de γινώσκω (*quinô´skô*, «yo sé»), el acento recae sobre la penúltima, y en el caso de πιστός (*pistós*, «fiel»), el acento se ubica sobre la última.

4.4. Espíritus

Si una palabra griega comienza con una vocal, la primera sílaba debe llevar un «espíritu». Hay dos clases de «espíritu»: espíritu «rudo» o «áspero» (ὁ) y espíritu «suave» (ὀ). Note que el espíritu suave es como un apóstrofo en español, y que el espíritu rudo es como un apóstrofo al revés, hacia la izquierda. El espíritu «rudo» se pronuncia como la «j» en español y se escribe así: ʽ. El espíritu suave no cambia la pronunciación y se escribe así: ʼ.

Si la primera sílaba es un diptongo (dos vocales distintas que se pronuncian dentro de la misma sílaba), tanto el espíritu como el acento se colocan sobre la segunda vocal (εἷς), pero la palabra se pronuncia como si el acento y/o el espíritu estuvieran sobre la primera letra.

ὅτι	*jóti* (porque)
οἴνους	*óinus* (vino)
εἰ	*ei* (si)
ἵνα	*jína* (para que)

Una «ρ» al comienzo de una palabra también tendrá un espíritu rudo delante, y se pronunciará como «jr-». Por ejemplo, Ῥωμή (Roma) se pronuncia «*Jromé*».

Si existe un acento circunflejo en combinación con un espíritu, se coloca el acento circunflejo sobre el espíritu. (ὧ)

Si existe un acento agudo o grave en combinación con un espíritu, se coloca el acento después del espíritu (ἄνθρωπος).

4.5. Algunas confusiones debidas a la transliteración tradicional

La manera tradicional de escribir las transliteraciones de palabras en griego puede confundir a los hispanoparlantes en algunos casos. Debemos distinguir entre una *transliteración* y la *pronunciación.* La transliteración usa las letras en español que se acercan a las letras en griego. Normalmente ayudará a pronunciar las palabras, pero no es siempre precisa. Ofrecemos los siguientes ejemplos:

1. λλ Si está estudiando Hechos 2:16, usando un programa como *Logos* o *e-Sword,* encontrará la palabra ἀλλά, y se provee la transliteración «alla». El problema es que en español, «ll» se pronuncia como «y» (como en «amarillo» o «belleza»), así que el alumno puede pensar que la palabra se pronuncia «ayá». Sin embargo, la combinación de dos lambdas juntas, λλ, se pronuncia como «l» en griego. Algunos diccionarios ofrecen una guía de pronunciación, además de la transliteración. En *Logos,* el diccionario DIB solamente ofrece la transliteración «alla», pero el diccionario E4GL indica también la pronunciación, «al-lah´». En *e-Sword,* el diccionario *Strong* también indica la misma pronunciación «al-lah´». En este libro, usaremos «alá» como la pronunciación.

2. γε, γι

La gamma, γ, se pronuncia como «g» de «gato» en griego, aun cuando es seguida por una iota (ι) o por una épsilon (ε). Tradicionalmente se escriben las transliteraciones como «gi» y como «ge», respectivamente. Por ejemplo, la transliteración que se da para γίνομαι en el diccionario DIB es «ginomai». El problema es que en español, «gi» normalmente se pronuncia como «ji» (como en «giro»). El diccionario E4GL y el diccionario Strong que indican la pronunciación «ghin'-om-ahee». En este libro usaremos pautas adaptadas para alumnos hispanoparlantes. En este caso, usamos «guínomai».

La transliteración que se da para γεννάω en el diccionario DBL es «gennaō». El problema es que en español, «ge» frecuentemente se pronuncia como «je» (como en «genio»). El diccionario E4GL indica la pronunciación «ghen-nah'-o». En este libro, usaremos «guennáo».

3. Espíritu rudo (como ŏ)

Palabras con espíritu rudo se pronuncian como «jo...», «je...», «ja...». Sin embargo, la transliteración tradicional es «hoti». Además, el diccionario E4GL indica la pronunciación como «hot'-ee». En este caso, tanto la transliteración como la guía de pronunciación pueden confundir al lector, porque la «h» es silenciosa en español.

Para evitar confusión, en este libro, usaremos guías de pronunciación después de las palabras griegas que han sido adaptadas para hispanoparlantes. Indicaremos que la palabra ὅτι se pronuncia «jóti». Si está usando el programa *Logos*, puede escuchar el sonido de la pronunciación de palabras. Veremos eso en un capítulo posterior.

4.6. La puntuación

En griego, una oración normalmente termina con un punto. Una coma se usa tal como en español, para separar cláusulas o frases. El punto y coma (;) se usa para indicar una pregunta. Un punto arriba de la línea (·) se usa como el punto y coma del español, es decir, para separar dos cláusulas cuyas ideas están muy relacionadas.

4.7. Escribir en griego

Para los ejercicios de este libro, no es necesario aprender a escribir en griego. Se pueden copiar las palabras y las frases de su programa de software. Sin embargo, lo ideal es aprender a hacerlo. Para lograr esto, hay que añadir un nuevo lenguaje en las configuraciones de lenguaje en su computadora, y también tendrá que instalar un teclado en griego.

Tampoco es necesario aprender a escribir con los acentos y espíritus, pero si piensa hacer algún trabajo académico, sería mejor tener un teclado *politónico*. Aunque hace algunos años, la fuente «TekniaGreek» era una buena opción, el único problema era que el lector también tenía que instalar la fuente en su computadora. Ahora recomendamos instalar una fuente griega de tipo *Unicode*, para que sea de uso universal. Al instalar el teclado griego, busque «opciones» y seleccione el teclado politónico. Después, tendrá que aprender a usarlo. Un gráfico de un teclado politónico que podría ayudar se encuentra en el sitio de Thirdmill.org. Teclado griego politónico.

Como estas funciones cambian frecuentemente con las actualizaciones de la versión del sistema de operaciones, y como hay diferencias entre las instrucciones para PC y para MAC, recomendamos buscar la información más reciente para su sistema en el Internet. Siempre ayuda ver un tutorial en video también.

Vocabulario, lista #1

En algunas lecciones, estudiaremos el vocabulario que aparece con frecuencia en el Nuevo Testamento. Practique la pronunciación (que se muestra entre paréntesis en la lista a continuación) y memorice el significado. A veces se brinda ayuda (entre paréntesis) para aprender el vocabulario indicando una palabra en español que se deriva del griego.

Tenga en cuenta que, en un diccionario griego, las formas verbales no aparecen en su forma infinitiva como lo harían en español. En cambio, el verbo aparece en primera persona del singular, tiempo presente. Por ejemplo, en vez de ἔχειν (*éjein*, tener), aparece ἔχω (*éjo*, tengo).

Puede practicar con el ejercicio «02. Vocabulario 1» en el sitio de *Thirdmill* o *LaBibliaaFondo.* (Vea el prefacio para los enlaces.)

ἀγαπάω	(*agapáô*) amo, quiero (Entre cristianos, hablamos del amor «agape».)
ἀδελφός	(*adelfós*)hermano (Filadelfia, ciudad del «amor fraternal»)
ἀνήρ	(*anêr*) hombre, marido (*andro*fobia, *andro*ide)
ἄνθρωπος	(*ánthrôpos*) hombre, ser humano (fil*ántropo*, *antropo*logía)
γάρ	(*gar*) porque
εἰμί	(*eimí*) yo soy, yo estoy
ἔχω	(*éjo*) tengo
ἔχει	(*éjei*) tiene
ζώη	(*dzô´ê*) vida (zoología, zoológico)

θεός   (*theós*) Dios (*teología*)

ἵνα   (*jína*) para que, que

κόσμος   (*kósmos*) mundo (cosmos)

λέγω   (*légô*) digo, hablo (diá*léctica*)

λέγει   (*léguei*) dice, habla (él o ella)

λόγος   (*lógos*) palabra (diá*logo*)

Ejercicios

a. Practique escribir las letras minúsculas del alfabeto. Memorice el alfabeto. Tómese el tiempo para asegurarse de que pueda repetirlo rápidamente y sin errores, tanto por escrito como en voz alta. Use el Ejercicio PowerPoint «01. El alfabeto» para practicar. Puede imprimir los ejercicios abajo para practicar la escritura de las letras a mano.

b. Esté preparado para identificar las minúsculas. Practique con la siguiente lista.

El alfabeto y la pronunciación

γ

δ

α

ω

ζ

σ

ς

ρ

τ

φ

ξ

ψ

β

ν

μ

λ

κ

θ

ι

ο

η

ε

π

c. Esté preparado para identificar las letras mayúsculas. Practique con la siguiente lista.

Κ
Λ
Μ
Ν
Σ
Ρ
Ε
Τ
Θ
Ι
Π
Α

El alfabeto y la pronunciación

Δ
Β
Φ
Γ
Η
Ξ
Ζ
Ο
Υ
Χ
Ψ
Ω

d. Esté preparado para identificar el significado de cada palabra a continuación y pronunciarlas. Use el Ejercicio PowerPoint «02. Vocabulario 1» para practicar.

ἀγαπάω
ἀδελφός
ἀνήρ
ἄνθρωπος
γάρ
εἰμί
ἔχω
ἔχει
ζώη
θεός

ἵνα
κόσμος
λέγω
λέγει
λόγος

Tarea #2 de exégesis: El contexto original

Investigue el contexto original de su pasaje, tanto el contexto histórico como el contexto literario. Después de hacer la investigación, abra el documento del «Informe de exégesis» que ha copiado en su computadora y escriba la información donde corresponde. No se olvide de incluir la información bibliográfica para cualquier información que ha sacado de algún recurso: autor, título, lugar de publicación, editorial, año de publicación, y la página o las páginas donde aparece la información citada o mencionada.

Escriba resúmenes de la información *en sus propias palabras.* Puede citar frases importantes en las palabras exactas de la fuente que está usando, pero en ese caso, debe poner la frase *entre comillas.*

Vea las instrucciones abajo para usar *e-Sword* y *Logos.*

a. El contexto histórico

- Use el software lingüístico o cualquier otro recurso en su biblioteca para investigar sobre el contexto histórico de su pasaje.
- Lea los comentarios, las introducciones bíblicas y cualquier otro libro y artículo que pueda brindarle más información.

- Anote el autor y el tiempo probable de composición de su pasaje de estudio.
- Encuentre cualquier evento importante relacionado con el momento de la composición.
- Escriba cualquier información importante sobre el pueblo de Dios en ese momento.

b. El contexto literario

- Escriba los puntos importantes de los versículos cercanos al pasaje.
- Anote el tema principal del capítulo o párrafo en el que se encuentra el pasaje.
- Revise rápidamente todo el libro para hacerse una idea de los temas, del esquema general y del género literario del libro.
- Escriba los temas importantes del libro y el propósito principal del libro.
- ¿Por qué cree que el Señor quería comunicar el mensaje del pasaje que está estudiando a la audiencia original?

Después de hacer la investigación, abra el documento del «Informe de exégesis» y escriba la información donde corresponde. No se olvide de incluir la información bibliográfica para cualquier información que ha sacado de algún recurso: autor, título, lugar de publicación, editorial, año de publicación, y la página o las páginas donde aparece la información citada o mencionada.

Escriba resúmenes de la información *en sus propias palabras.* Puede citar frases importantes en las palabras exactas de la fuente que está usando, pero en ese caso, debe poner la frase *entre comillas.*

c. El uso de *e-Sword* para analizar el contexto histórico

Abra algún recurso apropiado, como un diccionario bíblico o un comentario, para buscar información sobre el contexto original del pasaje que está estudiando.

Por ejemplo, si desea investigar información introductoria sobre el Evangelio de Juan, puede abrir el *Nuevo Diccionario Bíblico Ilustrado.* Seleccione la pestaña del recurso «NDBI» en la ventana de diccionarios.

Haga clic sobre el símbolo de los binoculares ( ) para buscar un tema.

Esto abre otra ventana. Escriba «Juan» en el cuadro de búsqueda a la izquierda y haga clic sobre los binoculares a la derecha. Primero, le muestra cada apariencia del nombre Juan en el diccionario.

En la columna a la izquierda, deslice hacia abajo hasta encontrar «Juan (Evangelio de)». Al seleccionar este tema, se puede leer la información introductoria del evangelio.

d. El uso de *Logos* para analizar el contexto histórico

Abra algún recurso apropiado, como un diccionario bíblico, una Biblia de estudio o un comentario, para buscar información sobre el contexto original del pasaje que está estudiando.

Por ejemplo, si está estudiando un pasaje en el Evangelio de Juan, podría hacer clic sobre la pestaña del *Comentario Bíblico Contemporáneo* (CBS:EBAL). Escriba el tema que desea estudiar en el cuadrito de búsqueda, y haga clic. En este caso, escriba «Juan».

Esto abre las primeras páginas del comentario con información introductoria.

5. LA SEMÁNTICA; CÓMO ESTUDIAR EL SIGNIFICADO DE UNA PALABRA

En este capítulo, aprenderá cómo encontrar el significado de una palabra griega y cómo hacer un estudio de una palabra. Cuando termine, escribirá los diferentes significados posibles para las palabras clave en su pasaje y seleccionará el mejor significado en su pasaje en particular. Recuerde que NO estamos estudiando una palabra en español, sino en GRIEGO.

5.1. Introducción

Las palabras pueden tener una amplia variedad de significados. Esto es cierto tanto en español como en griego. Por ejemplo, ¿qué significa la palabra «apretado»? Puede referirse a estar en un espacio confinado, o también puede significar «tacaño» al hablar de la forma en que una persona gasta su dinero. También podría usarse para mostrar cuán cercanos son los amigos. El contexto es la clave del significado. Recuerde el ejemplo dado en una lección anterior con respecto a los diferentes significados de δικαιόω (*dikaióô*) y cuán importante es el contexto para interpretar su significado en Santiago 2:24.

En *Secretos de la vid*[11], Bruce Wilkinson cuestiona algunas traducciones de una palabra en Juan 15:2. Sugiere que, en lugar de decir «Todo pámpano que en mí no lleva fruto, lo quitará» (RVR60), o «Toda rama que en mí no da fruto, la corta» (NVI), debería decir: «Cada rama en mí que no da fruto, él *la levanta*». El autor explica que cuando un viñador encuentra una rama doblada y cubierta de tierra, a menudo la recoge y sacude el polvo, haciéndola capaz de dar fruto nuevamente. Explica que la palabra en griego es αἴρω (aírô).

Si el lector no puede buscar la palabra en un diccionario o estudiar el uso de la palabra, tendrá que aceptar la conclusión del autor. En este caso, los léxicos dan varias definiciones de αἴρω (aírô): levantar, tomar, quitar, destruir. La traducción de Wilkinson es una opción válida y vale la pena considerar sus argumentos.[12] No es necesario resolver este problema de interpretación aquí, pero queremos mostrar que cualquier estudiante serio de la Biblia debe al menos saber cómo buscar una palabra en el diccionario y saber hacer un estudio de palabras.

---

[11] Bruce Wilkinson, *Secretos de la vid* (Miami: Unilit, 2013).

[12] El versículo seis del mismo capítulo enseña definitivamente que las ramas que no permanezcan en Cristo serán secadas y echadas al fuego. Sin embargo, el versículo dos está hablando de una rama que está en Cristo («en mí»).

5.2. Advertencias

Quisiera hacer un par de advertencias. En primer lugar, si casi todas las traducciones son iguales, habría que cuestionarse antes de sugerir algo diferente. Por alguna razón, los expertos lo han traducido así, y nosotros no somos expertos. No significa que siempre tengan razón los traductores, pero si están todos de acuerdo, debemos tener cuidado en proponer otra traducción.

En segundo lugar, al estudiar las palabras griegas, hay que evitar el error de pensar que entiende el significado de una palabra simplemente por sus componentes o por su etimología. A veces es interesante ver las diferentes partes que componen una palabra, como en el caso de προσκυνέω (*proskiunéō*) adorar, lo que sugiere la idea de arrodillarse ante alguien y besarle los pies. Sin embargo, debe investigar si los expertos lo confirman en los diccionarios y los comentarios. Es fácil equivocarse en cuanto a la etimología. Además, en el caso de muchas palabras, pueden provenir originalmente de la combinación de dos palabras, pero el significado actual ya no se puede determinar tomándolas literalmente. Piense en la palabra «confundir» en español. Es interesante ver que probablemente viene de «con» y «fundir» en el sentido de mezclar cosas hasta no poder distinguirlas.[13] Pero ahora no lo usamos en un sentido literal de «derretir juntos».

---

[13] Definiciona: «https://definiciona.com/confundir/».

El punto es que necesitamos investigar los recursos lingüísticos confiables antes de explicar la etimología de una palabra griega o el significado de la palabra. Como dicen, «¡saber *un poco* de griego puede ser peligroso!»

5.3. El Contexto

Un estudio cuidadoso de una palabra analiza el uso de la palabra en su contexto literario, comenzando con las secciones más cercanas y extendiéndose a contextos más amplios: primero los versículos alrededor, el párrafo, el capítulo y el libro entero, después libros del mismo autor, y luego libros de otros autores. Es como seguir círculos concéntricos desde el círculo central más pequeño hasta los círculos exteriores más grandes. Cuanto más cerca de nuestro pasaje, más nos ayuda.

Por ejemplo, si estamos estudiando Juan 3:16 y queremos estudiar la palabra κόσμος (mundo), primero debemos ver cómo se usa la palabra en los versículos de alrededor. Las posibles definiciones son: *adorno, mundo, universo, tierra habitada, orden, y gente.* Veamos los versículos del contexto inmediato:

Juan 3:16-19
Porque de tal manera amó Dios al **mundo**, que ha dado a su Hijo unigénito, para que todo aquel que en él cree, no se pierda, mas tenga vida eterna. Porque no envió Dios a su Hijo al **mundo** para condenar al **mundo**, sino para que el **mundo** sea salvo por él. El que en él cree, no es condenado; pero el que no cree, ya ha sido condenado, porque

66

no ha creído en el nombre del unigénito Hijo de Dios. Y esta es la condenación: que la luz vino al **mundo**, y los hombres amaron más las tinieblas que la luz, porque sus obras eran malas.

¿Qué conclusiones podemos sacar del contexto inmediato? En primer lugar, en estos versículos, κόσμος aparentemente se refiere a personas, porque se menciona que el mundo puede ser amado, salvo o condenado. En este contexto, no sería apropiado usar las posibles definiciones «adorno», «universo», «tierra», y «orden». Permanecen como traducciones posibles «mundo» (en el sentido de personas) y «gente».

Además, el contexto usa «mundo» en un sentido negativo. El «mundo» es un lugar oscuro que necesita luz. No se refiere solo a la humanidad en general, sino a la humanidad pecadora. Si ampliamos nuestro estudio para ver la forma en que el mismo autor usa la palabra en otros lugares, a menudo vemos este aspecto negativo.

Juan 7:7
No puede el mundo aborreceros a vosotros; mas a mí me aborrece, porque yo testifico de él, que sus obras son malas.

1 Juan 2:15-17

No améis al mundo, ni las cosas que están en el mundo. Si alguno ama al mundo, el amor del Padre no está en él. Porque todo lo que hay en el mundo, los deseos de la carne, los deseos de los ojos, y la vanagloria de la vida, no proviene del Padre, sino del mundo. Y el mundo pasa, y sus deseos; pero el que hace la voluntad de Dios permanece para siempre.

Vea también Juan 15:19, 16:33 y 17:14-16.

5.4. Cómo estudiar una palabra con *e-Sword*

En *e-Sword*, es fácil acceder a los recursos.

Los diccionarios

Por ejemplo, tal vez quiera estudiar la palabra ἠγάπησεν (*êgápesen*, amó) en Juan 3:16. En la ventana de Biblias, abra la versión del Nuevo Testamento «Greek NT WH+». En otra ventana, abra el diccionario *Tuggy*. Haga clic en G25 junto a la palabra y le mostrará los significados en el diccionario y los versículos donde aparece la palabra.

La concordancia

También puede hacer una búsqueda con la concordancia. Destaque la palabra en griego que desea estudiar (que la palabra entera sea resaltada en gris (ἠγάπησεν) y haga clic sobre los pequeños binoculares en la misma ventana de la Biblia. Esto abre otra ventana de búsqueda con la palabra griega en el cuadrito, y verá todos los pasajes (en la versión en que ha destacado la palabra) donde aparece la palabra. Puede ajustar el grupo de libros bíblicos que investiga, como por ejemplo solamente los evangelios. También puede cambiar la versión de la Biblia que está investigando.

Note que este proceso busca la palabra exactamente en la misma forma que la palabra que destaca. Si desea buscar otra forma (como el verbo en otro tiempo), tendrá que encontrar un versículo con la palabra en esa forma y destacarla. También puede copiar una palabra, pegarla en el cuadrito, y hacer clic sobre los binoculares de esa ventana.

5.5. Cómo estudiar una palabra con *Logos*

Con el software *Logos*, se puede hacer un estudio muy completo de una palabra, usando una guía de estudio de palabras, análisis de texto, los diccionarios, y una concordancia.

a. Información básica

Primero, abra la versión del Nuevo Testamento llamada «The Greek New Testament, Fourth Revised Edition (with morphology)/UBS4)». Al pasar el indicador sobre una palabra, se abre una ventana pequeña abajo, de una sola línea, en que provee la información gramatical, incluyendo la palabra raíz. Por ejemplo, en Juan 3:16, si pasa el indicador sobre la tercera palabra ἠγάπησεν (*êgápesen*, amó) en la ventanilla abajo, muestra que la palabra raíz es ἀγαπάω.

b. Una concordancia o un diccionario

En Juan 3:16, haga doble clic sobre ἠγάπησεν. Si tiene los recursos conectados en un sistema, puede mirar varios textos, como una concordancia (por ejemplo, CNT, la *Concordancia manual y diccionario griego-español del Nuevo Testamento*), o un diccionario (como LNT, el *Léxico griego-español del Nuevo Testamento* de Tuggy).

c. Estudio de palabra

Para un estudio más completo, destaque la palabra que desea estudiar en el Nuevo Testamento en griego, como ἠγάπησεν. Busque las «Guías/Flujos de trabajo» y abra el «Estudio de palabra bíblica». Debería aparecer en el cuadrito de búsqueda la forma raíz, ἀγαπάω. Para escribir una palabra en griego, haga clic sobre la pequeña imagen de un teclado (⌨) y seleccione griego (Ω). No es necesario escribir con los acentos. Es decir, si escribe las letras «agapaw», aparecerá como ἀγαπάω. Puede cambiar las porciones de la Biblia que quiere investigar. Por ejemplo, en lugar de «Todos los pasajes», puede seleccionar los evangelios o las epístolas paulinas. Finalmente, con el indicador sobre la palabra, pulse «Enter» («Intro») en su teclado.

Aparece una lista *muy completa* de información. Haga clic sobre «lema» y verá una lista de recursos, como diccionarios y una concordancia. Puede escuchar la pronunciación de la palabra (◀»). Puede deslizar hacia abajo para ver otros datos, como ejemplos del uso en otros pasajes del Nuevo Testamento y el uso en la Septuaginta.

d. Análisis de texto

Para estudiar otras palabras en el versículo, busque las «Guías» y seleccione «Análisis de texto». Escriba la referencia en el cuadro de búsqueda, como Juan 3:16.

Busque la sección «Palabra por palabra.» Esta lista dará información lingüística sobre *cada palabra en el versículo, en su orden.*

Puede seleccionar diccionarios para ver los significados, incluso ver las distintas traducciones en distintos pasajes bíblicos.

Ejercicio

Practique buscando palabras clave en Juan 3:16, usando *Logos* o *e-Sword*. Practique investigando otras apariciones de la palabra en el contexto cercano, en pasajes del mismo autor y en el resto del Nuevo Testamento.

TAREA #3 DE EXÉGESIS: EL ESTUDIO DE PALABRAS

1. Encuentre el pasaje que está estudiando y haga un estudio de las palabras *en griego* que considere significativas, usando las herramientas de *e-Sword* o *Logos*, como se explicó en el capítulo. Si nota algo importante en la manera en que se usa la palabra en otro pasaje, escriba sus pensamientos. Recuerde hacerse preguntas y buscar respuestas. No es necesario estudiar cada palabra de su pasaje, sino solo las más importantes.

2. Abra su documento «Informe de exégesis» y vaya a Tarea 3.

3. Copie y pegue su pasaje en griego.

4. Practique leer el pasaje en voz alta en griego.

5. Copie las palabras griegas que está estudiando y escriba los *posibles significados*.

6. Anote lo que considere el significado preciso de los términos *en el contexto del pasaje que está estudiando*. No se olvide que el contexto cercano es muy importante para determinar el significado.

6. LOS SUSTANTIVOS Y LOS ARTÍCULOS

Introducción

Para aprender un idioma como el griego, es importante manejar los conceptos básicos de la gramática en general. Si usted domina la gramática del lenguaje español, o si ha estudiado la gramática de otro idioma, será más fácil entender la gramática griega. Sin embargo, no todos recuerdan bien la terminología y los conceptos de la gramática. Por lo tanto, en esta lección, incluimos un repaso de los conceptos generales.

Con esta lección, empezamos el estudio de la «morfología,» ciencia que estudia la *forma* de las palabras. Es el segundo aspecto del tercer paso de exégesis (el análisis lingüístico.) También veremos brevemente los fundamentos de sintaxis.

1) Hacerse preguntas
2) Analizar el contexto original
3) Analizar el significado lingüístico
   a. La semántica
   b. La morfología <
   c. La sintaxis <
4) Analizar el pasaje bíblica y teológicamente
5) Aplicar el mensaje en el contexto actual

La gramática griega es compleja, pero esto es lo que enriquece el idioma y lo hace más interesante. La gramática griega permite expresar cosas en maneras diferentes.

Por ejemplo, el griego tiene indicadores gramaticales para mostrar el uso de palabras en oraciones. Todos los sustantivos y pronombres se modifican para mostrar su uso. Esto permite cambiar el orden de las palabras sin confundir al lector.

Vea la primera mitad del versículo Juan 3:16:

Οὕτως γὰρ ἠγάπησεν ὁ θεὸς τὸν κόσμον, ὥστε τὸν υἱὸν τὸν μονογενῆ ἔδωκεν

(Jútōs gar ēgápēsen jo theós ton kósmon, jō´ste ton juión ton monogenē´ édōken,)

Como explica Dr. Mounce, si traducimos esto literalmente con el mismo orden de palabras, es confuso.[14] Sería como esto:

De tal manera porque amó Dios al mundo, que al hijo el único dio,...

Lo bueno es que, en griego, la forma de las palabras (la morfología), aclara el sentido y nos ayuda a

---

[14] Video en inglés, «How to translate John 3:16 'literally'» «https://youtu.be/mEojvMRhqHM»

traducirlo correctamente. Ya verá cómo funciona esto al estudiar esta lección.

Veamos primero una segunda lista de vocabulario. Puede practicar con el Ejercicio PowerPoint «03. Vocabulario 2» en el sitio de *Thirdmill* o *LaBibliaaFondo*.

Vocabulario, lista #2

ἀλλά	(alá) pero
βλέπω	(blépô) veo
γῆ	(guê) tierra (geografía, geología)
γραφή	(grafê´) escritura
ἐστὶ	(estí) es
ἡμέρα	(jêméra) día
καί	(kai) y
κύριος	(ki̱úrios) señor, el Señor
μαθητῆς	(mathêtê´s) alumno, discípulo
ὄνομα	(ónoma) nombre
ὁ, ἡ, τό	(jo, jê, to) el, la
	(Este es el artículo definido.)
ὅτι	(jóti) que, porque
πᾶς, πᾶσα, πᾶν	(pas, pasa, pan) todo, cada uno
	(*pan*teísmo)
ποιέω	(poiéô) hago
τέκνον	(téknon) niño
υἱός	(juiós) hijo

6.1. El sustantivo y el artículo definido

Un sustantivo es el nombre de una persona, cosa, lugar, concepto, o animal (por ejemplo: libro, ciudad, Ricardo, verdad, perro). Los sustantivos se clasifican según su género, número, y función en la oración. En español, normalmente se usan solamente dos géneros gramaticales: masculino y femenino. (Existe una especie de neutro en algunos adjetivos y pronombres en español: esto, aquello, ello, aquello. También podría considerarse «neutro» el uso de «lo», por ejemplo «lo bueno» o «lo interesante».) Pero en griego, se usa mucho un tercer género: el neutro.

ὁ ἄνθρωπος	(*jó ánthrôpos*) el hombre (masculino)
ἡ γῆ	(*jê guê*) la tierra (femenino)
τὸ τέκνον	(*tó téknon*) el niño (neutro)

¡No se confunda! τὸ τέκνον es neutro en griego, pero se convierte en masculino al traducirse al español. No se dice «lo niño» en español, sino «el niño». Note que el artículo definido en griego también cambia según el género:

ὁ = masculino (el)
ἡ = femenino (la)
τὸ = neutro (el o la)

Algunas palabras en griego tienen géneros distintos a sus equivalentes en español. En griego, la palabra para «día» es femenina, ἡ ἡμέρα (*jê jêméra*), pero en español se traduce «el día», porque en español es masculina. Al contrario, la palabra griega para «muerte» es masculina, ὁ θάνατος (jo thánatos), pero en español es femenina.

Los sustantivos y los artículos están en singular o en plural. En español, normalmente se identifica la forma plural por el cambio en el artículo y por la adición de la «s» al final del sustantivo («las casas», «los libros»). En el griego, el plural también se identifica por el cambio en el artículo y por el cambio en la última sílaba del sustantivo, pero estas modificaciones son distintas a las del español.

Los sustantivos y los artículos de cada género tienen ciertas características en común. Los sustantivos y artículos que terminan en -ος normalmente son masculinos, los sustantivos que terminan en -η normalmente son femeninos, y los que terminan en -ov normalmente son neutros. Pero, esto es solamente una pauta. Hay excepciones, y hay otras terminaciones que son ambiguas. Por lo tanto, cuando aprenda un nuevo sustantivo, conviene siempre aprender el artículo asociado, para recordar su género. Cuando se enseñen nuevos sustantivos en las lecciones siguientes, se incluirán los artículos correspondientes. También en los diccionarios los sustantivos se presentan así.

Observe las formas de algunos sustantivos con el artículo definido, en singular y en plural.

Singular

ὁ ἄνθρωπος	(jo ánthrôpos, el hombre)
ἡ γραφή	(jê grafê, la escritura)
ἡ ἡμέρα	(jê jêméra, el día)
τὸ τέκνον	(to téknon, el niño)

Plural

οἱ ἄνθρωποι	(joi ánthrôpoi, los hombres)
αἱ γραφαί	(jai grafái, las escrituras) αἱ
αἱ ἡμέραι	(jai jêmérai, los días)
τὰ τέκνα	(ta tékna, los niños)

6.2. El artículo indefinido

En el griego, no existe el artículo indefinido («un», «una»); cuando se quiere expresar lo indefinido, simplemente se usa el sustantivo sin artículo.

ὁ ἄνθρωπος	el hombre (con artículo definido)
ἄνθρωπος	un hombre (sin artículo)

Sin embargo, es importante destacar que esto no quiere decir que cada vez que falta el artículo, el sentido sea indefinido. Algunos arguyen que Juan 1:1 debería traducirse, «el Verbo era **un** dios», porque en la última frase, «Dios» no tiene artículo (καί θεὸς ἦν ὁ λόγος, *kai theós ên jo lógos*). Pero esta interpretación no se puede defender gramaticalmente. De hecho, hay varios ejemplos en el mismo capítulo que demuestran lo contrario. En el mismo versículo Juan 1:1, dice Ἐν ἀρχῇ (*en arjê´*), sin el artículo. Pero la mejor traducción es «en *el* principio» y no «en *un* principio». El contexto lo aclara. En Juan 1:12-13, hay dos frases con el nombre «Dios» sin artículo: «hijos de Dios» (τέκνα θεοῦ) y «nacieron...de Dios» (ἐκ θεοῦ ἐγεννήθησαν). En estos casos, el nombre se usa como nombre propio. No sería apropiado traducir estas frases como «hijos de *un* Dios» «nacieron...de *un* Dios.» En Juan 1:14, dice μονογενοῦς παρὰ πατρός, sin artículo. La traducción más apropiada es «unigénito *del* Padre» y no «unigénito de *un* padre».

Además, los lingüistas explican una pauta importante: al invertir el orden normal de una frase, como en Juan 1:1, se suele escribir la primera palabra sin el artículo. (Esta regla se llama «la regla de Colwell».) El orden normal para expresar esta frase en griego sería καὶ ὁ λόγος ἦν θεὸς («la Palabra era Dios») pero aquí está invertido. Dice καὶ θεὸς ἦν ὁ λόγος (literalmente «Dios era la Palabra»). La razón para cambiar el orden normal era justamente para *enfatizar* el hecho de que la Palabra es DIOS.[15]

6.3. Los nombres propios

En el griego, los nombres propios (Por ejemplo, *Juan, Pedro, María)* pueden tener o no el artículo, pero nunca tienen un sentido indefinido. Por ejemplo, Πέτρος (*Pétros*) significa «Pedro», y no «un Pedro». Cuando un nombre propio tiene artículo en griego, se traduce al español sin el artículo. Por ejemplo, Mateo

---

[15] Roberto Hanna, *Ayuda gramatical*, Editorial Mundo Hispano.

1:2 dice, Ἀβραὰμ ἐγέννησεν τὸν Ἰσαάκ (*Abraám eguénnêsen ton Isaák*) El artículo es τὸν. Literalmente, dice «Abraham engendró **al** Isaac», pero se traduce, «Abraham engendró **a** Isaac». «Jesús» y «Cristo» a veces tienen artículo, pero también pueden escribirse sin artículo, lo cual **no** sugiere la idea de «**un** Jesús» o «**un** Cristo».

6.4. Los sustantivos y la sintaxis

Antes de explicar el uso de los casos en griego, debemos repasar los fundamentos de la estructura de una oración (la sintaxis). Una oración simple tiene un sujeto y un verbo. El sujeto describe quién hace la acción, y el verbo describe qué hace. El sujeto y el verbo forman el núcleo de la oración. Usaremos «S» debajo de la palabra para indicar el sujeto y «V» para indicar el verbo.

El hombre habla.
  (S)   (V)

Frecuentemente una oración incluye un *complemento directo* (CD), el cual recibe la acción del verbo.

El Señor ve al hombre.
  (S) (V)   (CD)

En español, las palabras están en este orden para indicar quién ve a quién. Sin embargo, en griego, se puede invertir el orden.

ὁ κύριος βλέπει τὸν ἄνθρωπον.
τὸν ἄνθρωπον βλέπει ὁ κύριος.

Si simplemente leemos las palabras de la segunda versión literalmente en orden, sin entender la gramática griega, podríamos pensar que dice: «El hombre ve al Señor». Pero, después de conocer el uso de los casos en griego, sabemos que significa «El Señor ve al hombre.»

Muchas veces también se incluye un *complemento indirecto*, el que recibe el efecto *indirecto* de la acción. En la oración, «El hombre *me* compró un libro, » «me» es el complemento indirecto (CI), y «un libro» es el complemento directo (CD).

El hombre *me* compró un libro.
(S)   (CI) (V)   (CD)

En el griego, nuestro conocimiento de los casos nos ayudará a identificar un complemento directo y un complemento indirecto.

6.5. Los casos

En el griego, los sustantivos son modificados para indicar su función en la oración. Esto permite cambiar el orden de las palabras sin confundir al lector en cuanto al sentido en que se usa. Los distintos usos se denominan «casos».

Hay cinco casos en griego. Usaremos el sustantivo hermano (ἀδελφὸς) para mostrar un ejemplo de los distintos casos:

a. *Nominativo* —cuando el sustantivo se usa como sujeto.

<u>ὁ ἀδελφὸς</u> βλέπει τόν υἱόν.
(*jo adelfós blépei ton juión*)
<u>El hermano</u> ve al hijo.

b. *Genitivo* —cuando el sustantivo se usa para expresar posesión.

ὁ ἄνθρωπος βλέπει τὸν υἱὸν <u>τοῦ ἀδελφοῦ</u>.
(*jo ánthrôpos blépei ton juión <u>tu adelfú</u>*)
El hombre ve al hijo <u>del hermano.</u>

c. *Dativo* —cuando el sustantivo se usa como complemento indirecto. (Hay otros usos en que se traducen «para», «por», y «con respecto a».)

ὁ ἄνθρωπος λέγει λόγον <u>τῷ ἀδελφῷ</u>.
(*jo ánthrôpos léquei lógon tô adelfô´*)
El hombre dice una palabra <u>al hermano.</u>

d. *Acusativo* —cuando se usa el sustantivo como complemento directo.

ὁ υἱὸς βλέπει <u>τὸν ἀδελφόν</u>.
(*jo juiós blépei ton adelfón*)
El hijo ve <u>al hermano</u>.

e. *Vocativo* —cuando se usa el sustantivo en trato directo (interpelación).

ὁ ἄνθρωπος λέγει λόγον, <u>ἀδελφέ</u>.
(jo ánthrôpos lé<u>gu</u>ei lógon, adelfé)
El hombre habla (o dice) una palabra, <u>hermano</u>.

6.6. La declinación del artículo

Tal como se mencionó antes, el artículo es la mejor señal para identificar el caso, el género, y el número del sustantivo. La siguiente tabla muestra las formas del artículo en todos sus casos, géneros, y en singular y plural. Esta lista de formas del artículo se llama la «declinación» del artículo.

Note que las formas de dativo singular tienen una pequeña ι debajo de las letras (ω y <u>η</u>). Esta se llama «iota suscrita» y no cambia la pronunciación de la letra. Note también que el artículo no tiene el caso vocativo.

Finalmente, las traducciones en la siguiente tabla son solamente posibles traducciones para expresar el concepto de los casos, pero el contexto siempre indica cómo traducir exactamente.

SING			
Caso	Masc.	Fem.	Neutro
Nom	ὁ el	ἡ la	τό el, o la
Gen	τοῦ del	τῆς de la	τοῦ del, o de la
Dat	τῷ para el	τῇ para la	τῷ para el, o para la
Acus	τόν al	τήν a la	τό al, o a la
PL			
Caso	Masc.	Fem.	Neutro
Nom	οἱ los	αἱ las	τά los, o las
Gen	τῶν de los	τῶν de las	τῶν de los, de las

Dat	τοῖς	ταῖς	τοῖς
	para los	para las	para los, para las
Acus	τούς	τάς	τά
	a los	a las	a los, a las

6.7. La declinación de algunos sustantivos

Las siguientes tablas muestran las formas que toman algunas palabras en los distintos casos, en el singular y el plural. Aparecerán acompañadas por su correspondiente artículo. Una lista de las formas que toma un sustantivo se denomina «declinación» del sustantivo.

Recuerde que la traducción depende del género que tiene la palabra en español, el cual puede ser distinto al género de la palabra en el griego. También depende del contexto.

ὁ αδελφός (*jo adelfós*) el hermano

Singular
N. ὁ ἀδελφός (*jo adelfós*) el hermano
G. τοῦ ἀδελφοῦ (*tu adelfú*) del hermano
D. τῷ ἀδελφῷ (*tô adelfô´*) para el hermano
A. τὸν ἀδελφόν (*ton adelfón*) al hermano
V. ἀδελφέ (*adelfé*) ¡hermano!

Plural

N. οἱ ἀδελφοί   (*joi adelfói*) los hermanos
G. τῶν ἀδελφῶν   (*tôn adelfôn)* de los hermanos
D. τοῖς ἀδελφοῖς   (*tois adelfóis*) para los hermanos
A. τοὺς ἀδελφούς   (*tus adelfu´s*) a los hermanos
V. ἀδελφοί   (*adelfói*) ¡hermanos!

τό τὲκνον (*to téknon*) el niño

Singular

N. τὸ τέκνον   (*to téknon*) el niño
G. τοῦ τέκνου   (*tu téknu*) del niño
D. τῷ τέκνῳ   (*tô téknô*) para el niño, al niño
A. τὸ τέκνον   (*to téknon*) al niño
V. τέκνον   (*téknon*) ¡niño!

Plural

N. τὰ τέκνα   (*ta tékna*) los niños
G. τῶν τέκνων   (*tôn téknôn*) de los niños
D. τοῖς τέκνοις   (*tois téknois*) para los niños
A. τὰ τέκνα   (*ta tékna*) a los niños
V. τέκνα   (*tékna*) ¡niños!

ἡ γραφή (*jê grafê´*) la escritura

Singular

N. ἡ γραφή   (*jê grafê´*) la escritura
G. τῆς γραφῆς   (*tês grafê´s*) de la escritura
D. τῇ γραφῇ   (*tê grafê´*) para la escritura
A. τὴν γραφήν   (*tên grafê´n*) la escritura

V. γραφή   (grafê´) ¡escritura!

Plural
N. αἱ γραφαί   (jai grafái) las escrituras
G. τῶν γραφῶν   (tôn grafô´n) de las escrituras
D. ταῖς γραφαῖς   (tais grafáis) para las escrituras
A. τὰς γραφάς   (tas grafás) las escrituras
V. γραφαί   (grafái) ¡escrituras!

Algunos sustantivos contienen formas irregulares. Si usted encuentra una forma que no reconoce, puede buscar la palabra en un programa como *e-Sword* o *Logos*. Normalmente el artículo y el contexto ayudarán a identificar el caso, género y número de los sustantivos.

6.8. El predicado nominal
Cuando el sustantivo se usa después de una forma del verbo «ser», se dice que es un «predicado nominal» (PrNom).

El hombre es **un hermano**.

En griego, el predicado nominal se presenta en el caso nominativo. El verbo «ser» en griego es εἰμί (*eimí*, yo soy). En tercera persona singular, es ἐστί (*estí*, es).

ὁ ἄνθρωπος ἐστὶ ἀδελφός.
(*jo ánthrôpos estí adelfós*)
El hombre es un hermano.

Mateo 16:16 contiene un ejemplo de un predicado nominativo. Pedro le confiesa a Jesús: «Tú eres el Cristo» (Σὺ εἶ ὁ Χριστὸς). «Tú» (Σὺ) es el sujeto, «eres» (εἶ) es el verbo y «el Cristo» (ὁ Χριστὸς) es el predicado nominativo.

6.9. El reconocimiento de las formas

Es difícil tratar de memorizar todas las posibles formas de los sustantivos. Por lo tanto, conviene saber *reconocer* las indicaciones de género, número, y caso. Estas no siempre son obvias, pero hay muchas pautas que ayudan a reconocerlas. Las formas más obvias son las del genitivo y del dativo. Si usted ve un sustantivo que termina en -ων, puede estar seguro que corresponde a un genitivo plural. Si encuentra un sustantivo que termina en -ου puede estar seguro que es un genitivo singular. Si usted ve un sustantivo que termina en --ῳ, o ῃ, puede estar seguro que es un dativo singular. Aquí la pista es la pequeña iota suscrita. Si encuentra un sustantivo que termina en -οις o -αις, usted sabe que es un dativo plural. Muchas veces el artículo ayuda. Finalmente, se puede usar un programa como *e-Sword* o *Logos* para identificar las formas de los sustantivos.

Ejercicios

Puede practicar con los Ejercicios PowerPoint «03. Vocabulario 2» y «04. Sustantivos» en el sitio de *Thirdmill* o *LaBibliaaFondo*.

a. Memorice las formas del artículo definido.

Es útil conocer por lo menos las formas del artículo definido, ya que indica el género, el caso y el número del sustantivo al que precede.

SINGULAR

	Masculino	Femenino	Neutro
Nom.	ὁ	ἡ	τό
Gen.	τοῦ	τῆς	τοῦ
Dat.	τῷ	τῇ	τῷ
Acus.	τόν	τήν	τό

PLURAL

	Masculino	Femenino	Neutro
Nom	οἱ	αἱ	τά
Gen.	τῶν	τῶν	τῶν
Dat.	τοῖς	ταῖς	τοῖς
Acus.	τούς	τάς	τά

b. Conozca el uso principal de cada caso en una oración:

nominativo
genitivo
dativo
acusativo
vocativo

c. Sea capaz de identificar el género, número y caso de los siguientes sustantivos. (En algunos casos puede haber más de una posibilidad). Trate de encontrar pistas en los artículos, pero si no está seguro, busque las palabras en la sección anterior sobre declinaciones. De nuevo, recuerde practicar con las presentaciones de PowerPoint.

	Género	Número	Caso
οἱ ἀδελφοί			
τοῦ ἀδελφοῦ			
τῶν ἀδελφῶν			
τὸ τέκνον			
τὰ τέκνα			
τοῖς τέκνοις			
τῇ γραφῇ			
τῶν γραφῶν			
ταῖς γραφαῖς			
τῆς γραφῆς			

d. Practique analizando el lugar de los sustantivos en una oración. Primero, usaremos oraciones español, luego oraciones en griego.

-Identifique los sustantivos y los verbos en las siguientes oraciones (tanto en español como en griego). Ponga una «S» debajo de un sujeto, «V» debajo de un verbo, «CD» debajo de un complemento directo, «CI» debajo de un complemento indirecto, «PrNom» debajo de un predicado nominativo y «Pos» debajo de un sustantivo o frase en su forma posesiva.

-Indique el caso de cada sustantivo en las oraciones griegas (Nom, Gen, Dat, Acus).

-Traduzca las oraciones griegas al español. Debería poder hacer esto si ha aprendido el vocabulario de las listas #1 y #2.

1) El hombre me compró un libro.

2) El niño es el hermano del hombre.

3) ὁ ἄνθρωπος λέγει λόγον τῷ ἀδελφῷ.

4) ὁ ἀδελφός ἐστιν ὁ μαθητῆς.

5) τὸν ἄνθρωπον βλέπει ὁ κύριος.

6) βλέπω τὸ τέκνον τοῦ ἀδελφοῦ.

7) τῷ ἀδελφῷ λέγει ὄνομα ὁ υἱός.

No se olvide de practicar con los Ejercicios PowerPoint «03. Vocabulario 2» y «04. Sustantivos» en el sitio de *Thirdmill* o *LaBibliaaFondo*.

Tarea #4 de exégesis: Análisis de sustantivos

Aunque no haya memorizado las formas, y aunque no sepa identificar las formas con mucha facilidad, usted puede usar programas como *Logos* o *e-Sword* para analizar la forma de las palabras.

Logos

1. Si está utilizando el software Logos, puede seleccionar las «Guías/Flujos de trabajo» y abrir el «Análisis de texto». Escriba la referencia del pasaje que está estudiando en el cuadro de texto, y busque abajo la información «Palabra por palabra».

2. Encuentre todos los sustantivos importantes en su pasaje y escriba la siguiente información en el «Informe de exégesis»:

a. Haga una lista, copiando los sustantivos de su pasaje en griego. Anote el caso, número y género (gramatical) de cada uno.

b. Escriba también el uso que tienen en la oración: sujeto, complemento directo, complemento indirecto o predicado nominativo.

c. Puede volver a consultar un diccionario para considerar cómo se deben traducir los sustantivos importantes en su pasaje.

e-Sword

1. Si está utilizando *e-Sword*, puede abrir la versión del Nuevo Testamento griego «Greek NT WH+». Mire los códigos azules justo encima de las palabras griegas e identifique los sustantivos. Abra *Robinson's Morphological Analysis Codes* (RMAC) en otra ventana. Cuando hace clic sobre cualquier código azul en el versículo griego, puede encontrar la información en el RMAC.

2. Escriba la siguiente información en su «Informe de Exégesis»:

a. Haga una lista de sustantivos importantes copiándolos de su pasaje en griego.

b. Anote el caso, número y género (gramatical) de cada uno.

c. Escriba también el uso que tienen en la oración en su pasaje: sujeto, complemento directo, complemento indirecto o predicado nominativo.

d. Puede volver a consultar un diccionario para considerar cómo se deben traducir los sustantivos importantes en su pasaje.

7. Adjetivos, adverbios, pronombres, preposiciones

En esta lección, usted seguirá conociendo las partes de la oración griega. Ahora aprenderá el uso y las formas de los adjetivos, los adverbios, los pronombres, y las preposiciones. Cuando termine esta lección, podrá identificar los adjetivos, adverbios, pronombres y preposiciones en algunas oraciones, tanto en español como en griego, así como en su propio pasaje de estudio.

Es esencial reconocer el significado de estas palabras y su uso en una oración. Por ejemplo, en Juan 3:16, la primera palabra οὕτως («de tal manera») es un adverbio importante, porque señala cómo Dios mostró Su amor. (Observe que en español se cambia el orden de las palabras, poniendo «porque» primero.)

Como otro ejemplo, suponga que está leyendo el comentario de A.T. Robertson sobre Juan 1:1 que menciona la importancia de la frase, la palabra estaba «con Dios» (πρὸς τὸν θεόν, pros ton theón). Él dice:

Aunque existiendo eternamente con Dios, el Logos estaba en perfecta comunión con Dios. **Pros** con el acusativo presenta un plano de igualdad e intimidad, cara a cara mutuamente.[16]

¿Por qué menciona que la palabra griega pros (πρὸς) tiene cierto significado con el acusativo? Este es uno de los puntos gramaticales que estudiaremos en este capítulo.

Primero, veamos una nueva lista de vocabulario. Puede practicar con el Ejercicio PowerPoint «05. Vocabulario 3a» en el sitio de *Thirdmill* o *LaBibliaaFondo*.

Vocabulario, lista #3a

ἅγιος	(*jáquios*) santo (hagiógrafa, nombre aplicado por los judíos a la tercera división del AT)
αἰών	(*aiô'n*) edad, época
αἰώνιος	(*aiô'nios*) eterno
αὐτός, αὐτή, αὐτό	(*autós, autê', autó*) él mismo, ella misma, él, ella
γινώσκω	(*quinô'skô*) conozco, aprendo (*gnos*ticismo, a*gnós*tico)
γυνή	(*quiunê'*) mujer, esposa (ginecólogo)
δίδωμι	(*dídômi*) doy
δύναμαι	(*diúnamai*) puedo (dinamita)

---

[16] A.T. Robertson, *Comentario al Texto Griego del Nuevo Testamento*, sitio de Juan 1:1 (en E-Sword).

Adjetivos, adverbios, pronombres y preposiciones

ἐγώ	(*egó*) yo (*egoísmo, ególatra, egocéntrico*)
ἐκεῖνος	(*ekéinos*) aquel
ἔρχομαι	(*érjomai*) voy, vengo
ἐξέρχομαι	(*exsérjomai*) salgo
ἤ	(*ê*) o (Note el acento para distinguir esta palabra del artículo femenino ἡ)
κατά	(*katá*) contra, según, durante
λαλέω	(*laléô*) hablo
μή	(*mê*) no
μόνον	(*mónon*) solamente
νῦν	(*niun*) ahora
οὐ	(*u*) no
πιστεύω	(*pistéuô*) creo
σύ	(*siu*) tú
οὐρανός	(*uranós*) cielo
οὗτος, αὕτη, τοῦτο	(*jútos, jáutê, túto*) este, esta, él, ella
οὕτως	(*jútos*) así, de tal manera

7.1. Los adjetivos

Apocalipsis 4.8 dice,

«¡Santo, santo, santo, es el Señor Dios Todopoderoso!»

Ἅγιος ἅγιος ἅγιος κύριος ὁ Θεὸς ὁ παντοκράτωρ

(*jáguios, jáguios, jáguios, kiúrios jo theós jo pantocrátôr*)

Note que las palabras para «santo» (ἅγιος) tienen la misma terminación (-ος) que «Señor» (Κύριος) y «Dios» (Θεὸς). Esto proviene de una regla gramatical en el griego: los adjetivos normalmente coinciden en número, género y caso con los sustantivos que modifican.

Los adjetivos modifican los sustantivos, describiéndolos. (La casa es *alta*.) En español, los adjetivos cambian según el género y el número de los sustantivos que modifican.

El libro es *grueso*.
Los libros son *gruesos*.
La casa es *alta*.
Las casas son *altas*.

En griego, los adjetivos no solamente cambian de acuerdo con el género y el número, sino también con el

Adjetivos, adverbios, pronombres y preposiciones

caso del sustantivo que describen. De este modo, el adjetivo *concuerda* con el sustantivo. Por ejemplo:

ὁ ἄνθρωπος ἐστὶν **ἅγιος**.
(*jo ánthrôpos estín já<u>gu</u>ios.*)
El hombre es santo.

En el caso arriba, el sujeto «el hombre» (o ἄνθρωπος) es masculino singular en caso nominativo, y por lo tanto el adjetivo (ἅγιος) también es masculino singular nominativo.
Hagamos un cambio:

οἱ ἀδελφοὶ ἐισὶν **ἅγιοι**.
(*joi ánthrôpoi eisín já<u>gu</u>ioi*)
Los hombres son santos.

El sujeto «los hermanos» (οἱ ἀδελφοι) es masculino **plural** nominativo, y por lo tanto el adjetivo (ἅγιοι) también debe ser **plural.**
Ahora cambiaremos el caso, según el uso en la oración:

ἐστὶν ὁ ἀδελφὸς τοῦ ἀνθρώπου τοῦ ἁγίου.
(*estín jo adelfós t<u>u</u> anthrô´pu tu ja<u>gu</u>íu.*)
Es el hermano del hombre santo.

Aquí el adjetivo (ἀγίου) modifica al posesivo «del hombre» (τοῦ ἀνθρώπου), el cual es masculino singular

genitivo; por lo tanto, el adjetivo también es masculino singular **genitivo**.

El adjetivo puede estar entre el artículo y el sustantivo, o puede también estar después del sustantivo con otro artículo.

ἐστὶν ὁ ἀδελφὸς **τοῦ ἁγίου ἀνθρώπου**.
(*estín jo adelfós tu jaguíu anthrô´pu.*)
Es el hermano del santo hombre.

ἐστὶν ὁ ἀδελφὸς **τοῦ ἀνθρώπου τοῦ ἁγίου**.
(*estín jo adelfós tu anthrô´pu tu jaguíu.*)
Es el hermano del hombre santo.

En el segundo caso, se pone más énfasis en el adjetivo. (Es el hermano del hombre, es decir, del hombre que es *santo*.) Un adjetivo puede ser usado como sustantivo.

ὁ ἅγιος ἐστὶν ὁ ἀδελφός μοῦ.
(*jo jáguios estín jo adelfós mu.*)
El santo es mi hermano.

7.2. Los adverbios

Los adverbios modifican a los verbos. En la siguiente oración, «rápidamente» es un adverbio porque explica cómo fue la acción de comprar el libro.

Él *rápidamente* compró el libro.

Adjetivos, adverbios, pronombres y preposiciones

En Juan 3.16, Οὕτως (de tal manera) es un adverbio.

> Οὕτως γάρ ἠγάπησεν ὁ Θεός τόν κόσμον
> (Jútôs gar êgápêsen jo theós ton kósmon)
> Porque de tal manera amó Dios al mundo

(En la traducción al español el orden de palabras ha sido cambiado; resultaría extraño decir «De tal manera porque amó Dios al mundo».)

Las siguientes palabras son algunos adverbios de uso frecuente en griego:

> μή (*mê*) no
> μόνον (*mónon*) solamente
> νῦν (*nun*) ahora
> οὐ (*u*) no
> οὕτως (*jútos*) de tal manera, así

7.3. Los pronombres

Los pronombres toman el lugar de los sustantivos. Por ejemplo, «el hombre» es un sustantivo, y «él» es un pronombre que lo reemplaza. En griego, los pronombres también cambian según el número y caso.

Observe los pronombres personales. No es necesario memorizarlos, pero trate de captar algunas de las pistas para reconocer las formas. Algunas de las terminaciones son parecidas a las del artículo. Note que -ου indica genitivo singular, -ι (a veces es iota suscrita, como ῳ y ῃ) indica dativo singular, y -ων indica genitivo plural, por ejemplo.

Primera Persona (Yo, nosotros)

SINGULAR		Pronunciación	Traducción
N.	ἐγώ	egô´	yo
G.	ἐμοῦ / μου	emu / mu	de mí
D.	ἐμοί / μοι	emói / moi	para mí
A.	ἐμέ / με	emé / me	a mí, me

PLURAL			
N.	ἡμεῖς	jêméis	nosotros
G.	ἡμῶν	jêmô´n	de nosotros
D.	ἡμῖν	jêmín	paranosotros
A.	ἡμᾶς	jêmás	a nosotros

Segunda Persona (Tú, vosotros)

SINGULAR			
N.	σύ	siu	tú
G.	σοῦ	su	de ti
D.	σοί	soi	para ti
A.	σέ	sé	a ti

PLURAL			
N.	ὑμεῖς	jiuméis	vosotros
G.	ὑμῶν	jiumō´n	de vosotros
D.	ὑμῖν	jiumín	para vosotros
A.	ὑμᾶς	jiumás	a vosotros

Adjetivos, adverbios, pronombres y preposiciones

En la tercera persona, el pronombre cambia según el género.

Tercera persona (él, ella, ellos, ellas)

SINGULAR

	Masculino	Femenino	Neutro
N.	αὐτός él	αὐτή ella	αὐτό él
G.	αὐτοῦ de él	αὐτῆς de ella	αὐτοῦ de él
D.	αὐτῷ para él	αὐτῇ para ella	αὐτῷ para él
A.	αὐτόν a él	αὐτήν a ella	αὐτό a él

PLURAL

N.	**αὐτοί** ellos	**αὗται** ellas	**αὐτά** ellos
G.	**αὐτῶν** de ellos	**αὐτῶν** de ellas	**αὐτῶν** de ellos
D.	**αὐτοῖς** para ellos	**αὐταῖς** para ellas	**αὐτοῖς** para ellos
A.	**αὐτούς** a ellos	**αὐτάς** a ellas	**αὐτά** a ellos

7.4. Las preposiciones

La preposición conecta palabras entre sí para formar frases que se relacionan con el resto de la oración. Su nombre indica que está en una posición delante de (pre-) la palabra que conecta. Normalmente se usa para construir una frase con un sustantivo o pronombre.

> Él vive *en* una casa.
> Él salió *de* la casa.
> Ella cayó *sobre* la mesa.

En las tres frases mencionadas, la preposición se usa con un sustantivo, formando una frase que explica algo relacionado con la acción del verbo. En la primera oración, se nos dice donde vivió, en la segunda, se nos

Adjetivos, adverbios, pronombres y preposiciones

dice de dónde salió, y en la tercera, se nos dice dónde cayó.

En griego, cada preposición requiere un cierto caso gramatical. Es decir, el sustantivo que le sigue debe aparecer en la forma que la preposición requiere. Algunas preposiciones pueden usar varios casos, y sugerir un significado distinto de acuerdo con el caso que acompañan.

ἐν (*en*, «en») se usa con el caso dativo, e indica ubicación.

> ὁ ἄνθρωπος ἐστὶν ἐν τῇ γῇ.
> (*jo ánthrôpos estín en tê guê.*)
> El hombre está en la tierra.

ἐκ (*ek*, «de») se usa con el caso genitivo, e indica procedencia.

> ὁ κύριος ἐξῆλθον ἐκ τῆς γῆς.
> (jo *kiúrios* exsê´lthon ek tês guês.)
> El Señor salió de la tierra.

εἰς (*eis*, «a» «hacia») se usa con el caso acusativo, e indica movimiento en dirección hacia algún lugar.

> ὁ κύριος ἔρχει εἰς τὸν οὐρανόν.
> (*jo kiúrios érjei eis ton uranón.*)
> El Señor va al cielo.

περί (*perí*) significa «acerca de» cuando se usa con el caso genitivo, y «alrededor de» cuando se usa con el acusativo.

> λαλοῦμεν περὶ τοῦ λόγου.
> (*lalúmen perí tu lógu.*)
> Hablamos acerca de la palabra.
>
> ἔρχομαι περὶ τὴν γῆν.
> (*érjomai perí tên guên.*)
> Voy alrededor de la tierra.

πρός (*pros*) significa «hacia» cuando se usa con el caso acusativo (el uso más común en el Nuevo Testamento), pero también puede significar «para» cuando se usa con el genitivo, o «junto a, cerca de» cuando se usa con el dativo (usos más comunes fuera del Nuevo Testamento). En Juan 1.1, dice que el Verbo (Jesús) era con (πρός) Dios en el sentido de estar «hacia» Él, o «cara a cara» con Él.

Cuando busque una preposición en el léxico, deberá estar atento al caso que esta requiere. Observe la lista de vocabulario 4 de esta lección para distinguir el significado de algunas preposiciones importantes. Memorice esta lista.

Algunas de estas palabras se usan con varios casos y distintos significados, pero por ahora mostraremos solamente las definiciones relacionadas con movimiento o ubicación geográfica.

Puede practicar con el Ejercicio PowerPoint «06. Vocabulario 3b» en el sitio de *Thirdmill* o *LaBibliaaFondo*.

Vocabulario, lista # 3b, preposiciones

περί   (*perí*) alrededor (con acusativo)

ὑπέρ   (*jiupér*) sobre (con acusativo)

ἐπί   (*epí*) encima de (con genitivo)

πρός   (*pros*) hacia (con acusativo)

εἰς   (*eis*) hacia adentro, en (con acusativo)

ἐν   (*en*) en (con dativo)

ἐκ   (*ek*) desde adentro hacia afuera (con genitivo)

ἀπό   (*apó*) de (con genitivo)

διά   (*diá*) a través de (con genitivo)

ὑπό   (*hupó*) debajo de (con acusativo)

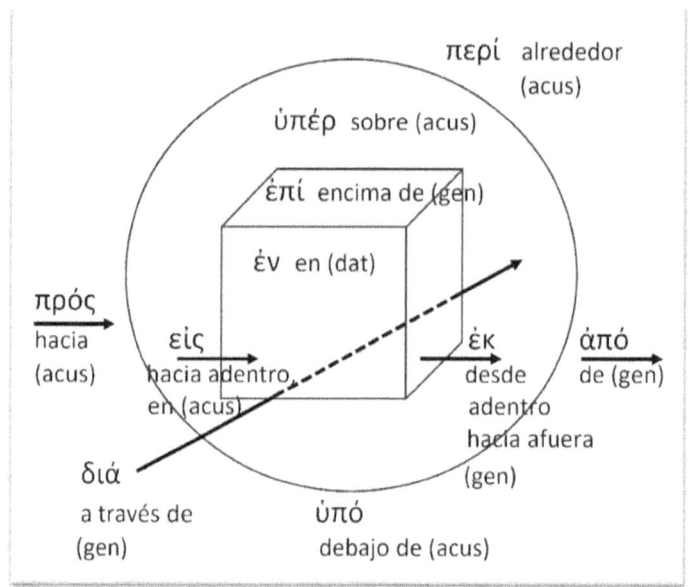

7.5. Romanos 1:17

Las preposiciones pueden ser difíciles de traducir. Es muy importante considerar el contexto de la frase para captar el significado. Veamos un ejemplo en Romanos 1:17:

> Porque en el evangelio la justicia de Dios se revela por fe y para fe, como está escrito: Mas el justo por la fe vivirá. (RVR60)

¿Qué significa la frase, «por fe y para fe»? A primera vista, no tiene mucho sentido. Hay varias traducciones muy distintas. La Biblia de Jerusalén dice, «de fe en fe». La Biblia Nacar Colunga traduce, «se revela la justicia de Dios, pasando de una fe a otra». La Biblia de las Américas y la Biblia Textual coinciden con la versión Reina Valera de 1960 («por fe y para fe»). La Nueva Versión Internacional dice, «la justicia se revela por fe desde el principio hasta el fin». ¿Cuál tendrá razón?

Al investigar el griego, se encuentra algo interesante: la frase es ἐκ πίστεως εἰς πίστιν (*ek písteôs eis pístin*). La palabra ἐκ (ek) es una preposición que frecuentemente se usa para describir movimiento desde adentro hacia afuera, por ejemplo, para decir que alguien salió de una casa. En cambio, la palabra εἰς (eis) es una preposición que frecuentemente se usa para describir movimiento desde afuera hacia adentro, por ejemplo, para decir que alguien entró en una casa.

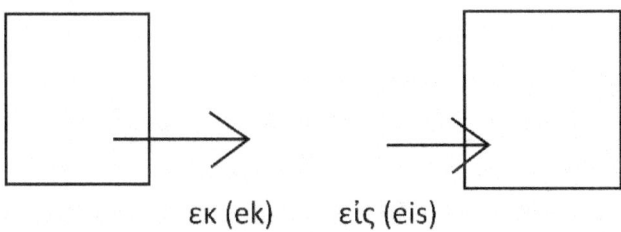

εκ (ek)   εἰς (eis)

Literalmente, entonces, el pasaje dice que la justicia se revela «de la fe hacia la fe», o «desde la fe hasta la fe». Al analizar las palabras en su uso normal, ya tenemos una imagen mental de algo: de dos áreas de fe en que se revela la justicia de Dios. La frase despierta la imagen de un viaje que empieza en un área de fe y termina en otra área de fe, o posiblemente despierta la imagen de un puente en donde alguien empieza por la fe en un lado y termina por la fe en el otro extremo. Creo que la *Nueva Versión Internacional*, aunque en este caso no tiene una traducción muy literal, comunica bastante bien la idea del griego, «la cual es por fe de principio a fin».

Además, el contexto de la carta entera apoya esta traducción. El versículo es una introducción a toda la carta a los Romanos, en que Pablo trata los temas de la justificación y de la santificación. La justicia se recibe inicialmente por la fe (en la justificación), y sigue siendo nutrida por la fe (en la santificación). En otras palabras, tanto nuestra situación legal (la justificación) como nuestro caminar diario (la santificación) dependen de la fe, ¡hasta que seamos glorificados en la presencia de Cristo! No hay justicia que no venga de Dios por medio de la fe.

7.6. Hechos 2:38

En Hechos 2:38, Pedro dice «Arrepiéntanse y sean bautizados cada uno de ustedes en el nombre de Jesucristo *para perdón* de sus pecados, y recibirán el don del Espíritu Santo»(NBLA). Algunas personas podrían entender que esto significa que el sacramento mismo produce el perdón, o que debes ser bautizado para ser salvo. Sin embargo, esto sería una contradicción a muchos otros pasajes clave del Nuevo Testamento que enseñan que la salvación es por gracia por medio de la fe sola (Romanos 1:16-17, Romanos 3:28, Efesios 2:8-10, por ejemplo).

La palabra griega en Hechos 2:38 traducida «para» es εἰς («eis»), que puede significar «en, a, hacia, por, entre, para» según el Léxico de Tuggy.[17] La concordancia CNT agrega los posibles significados «dentro de» y «en relación con».[18] Nos ayuda ver que la misma palabra griega εἰς se usa en un contexto similar en Romanos 6:4: «hemos sido sepultados con Él por medio del bautismo *para muerte*» (NBLA). ¡Obviamente, este versículo no significa que el bautismo produzca la muerte! El versículo Romanos 6:3, en paralelo con el siguiente versículo 6:4, lo hace más claro todavía. Dice, «¿O no saben ustedes que todos los que hemos sido bautizados en Cristo Jesús, hemos sido bautizados en Su muerte?» (NBLA) Aquí se usa la misma frase en griego, εἰς τὸν θάνατον, y ha sido traducido «*en* Su muerte» en las versiones RVR60, RVA, y NBLA. Yo sugiero que, tanto en Hechos 2:38 como en Romanos 6:4, la frase nos enseña lo que *representa* el bautismo, no lo que *produce* el bautismo. Probablemente «por» o «en» serían mejores traducciones en estos versículos. El bautismo es «por» o «en» el perdón, en el sentido de que *simboliza* el perdón, y el bautismo es «por» la muerte o «en la muerte» en el

---

[17] A.E. Tuggy, *Lexico griego-español del Nuevo Testamento* (p. 275). Editorial Mundo Hispano, 2003 (en *Logos*).

[18] P.V. Ortiz, *Concordancia manual y diccionario Griego-Espanol del Nuevo Testamento*. Sociedades Bíblicas Unidas, 2000 (en *Logos*).

sentido de que *simboliza* nuestra muerte espiritual (y resurrección) con Cristo.

Ejercicios

Antes de hacer estos ejercicios, puede practicar con el Ejercicio PowerPoint «07. Adj Adv Pron Preps» en el sitio de *Thirdmill* o *LaBibliaaFondo*.

a. Identifique todos los adjetivos, adverbios, pronombres y preposiciones en las siguientes oraciones, tanto en español como en griego. Escriba «ADJ» debajo de los adjetivos, «ADV» debajo de los adverbios, «Pron» debajo de los pronombres y «Prep» debajo de las preposiciones. Note cuál es el sustantivo o pronombre modificado por cada adjetivo y cuál es el verbo modificado por cada adverbio.

Además, traduzca las oraciones griegas al español. Para las oraciones en griego, asegúrese de identificar los adjetivos, adverbios, pronombres y preposiciones en griego, que pueden o no coincidir con los adjetivos, adverbios, pronombres y preposiciones en la traducción al español.

1) El hombre alto frecuentemente compraba buenos libros en la librería.

2) Felizmente se mudó de la ciudad hacia las hermosas montañas con ella.

3) ὁ ἀνὴρ ὁ ἅγιος λέγει νῦν ἐν τῇ γῇ.

4) ἡ γυνὴ ἡ ἁγία ἔρχεται νῦν εἰς τὸν κύριον ἡμῶν. (ἔρχεται viene de ἔρχομαι y significa «viene».)

5) δίδωμι οὕτως αὐτῇ τὸν λόγον τὸν ἅγιον.

b. Haga una breve lista de adjetivos, adverbios, pronombres o preposiciones que sean importantes para entender Juan 3:16. Tome algunas notas sobre por qué son importantes.

Tarea #5 de Exégesis
Adjetivos, Adverbios, Pronombres y Preposiciones

La manera de analizar otros tipos de palabras como adjetivos, adverbios, pronombres y preposiciones es la misma que explicamos previamente para analizar los sustantivos.

Logos
1. Encuentre su pasaje de estudio en el Nuevo Testamento griego.
2. Abra el "Análisis de texto" y busque la lista de palabras en cada versículo "Palabra por palabra".
3. Desplácese hacia abajo hasta la palabra que desea analizar.
4. Muestra la forma raíz y varias definiciones.
5. Puede escuchar la pronunciación de la palabra.
6. Puede volver a consultar los significados del diccionario haciendo clic en cualquiera de los diccionarios enumerados.
7. También puede leer la explicación de la forma.
8. Identifique todos los adjetivos, adverbios, pronombres y preposiciones en su pasaje.

e-Sword

1. Abra la versión del Nuevo Testamento "Griego NT WH+".

2. Busque cualquier palabra que desee analizar y pase el mouse sobre el código que se encuentra encima a la derecha. Se abrirá una ventana con la información básica.

3. Identifique todos los adjetivos, adverbios, pronombres y preposiciones en su pasaje.

Para el "Informe de exégesis"

1. Copie su pasaje en griego y escriba "ADJ" debajo de los adjetivos, "ADV" debajo de los adverbios, "Pron" debajo de los pronombres y "Prep" debajo de las preposiciones.

2. Indique qué sustantivo o pronombre es modificado por cada adjetivo e indicar qué verbo es modificado por cada adverbio.

3. Haga una breve lista de los adjetivos, adverbios, pronombres o preposiciones que sean importantes para comprender su pasaje. Tome algunas notas sobre por qué son importantes.

8. Los verbos (parte 1)

En esta lección, aprenderá las formas principales del verbo griego. Cuando termine, podrá explicar el significado de los tiempos verbales y podrá traducir verbos según su tiempo, persona y número.

El verbo describe la acción o la condición del sujeto. Además de ser la parte más importante de la oración, el verbo también es el aspecto más complejo. El verbo en griego tiene distintos tiempos, voces, y modos, y refleja por supuesto también la persona y el número del sujeto.

El estudio de un solo verbo puede cambiar nuestra interpretación de un pasaje, y puede incluso influir en nuestra teología. Por ejemplo, en la versión NBLA, 1 Juan 3:6 y 9 dicen,

> Todo el que permanece en Él, no peca. Todo el que peca, ni lo ha visto ni lo ha conocido. (vs. 6)

> Ninguno que es nacido de Dios practica el pecado, porque la simiente de Dios permanece en él. No puede pecar, porque es nacido de Dios. (vs. 9)

¿Esto significa que un cristiano nunca peca? Hay otros pasajes bíblicos que indican que el cristiano todavía lucha con el pecado, y puede ser perdonado, aun dentro de la misma carta de Juan. ¿Estos versículos

los contradicen? La forma de los verbos nos ayudará a resolver este problema. Lo explicaremos después.

Antes de estudiar los verbos, veamos una nueva lista de vocabulario. Puede practicar con el Ejercicio PowerPoint «08. Vocabulario 4» en el sitio de *Thirdmill* o *LaBibliaaFondo*.

Vocabulario, lista #4

ἀποστέλλω	(apostélô) envío (apóstol, un enviado)
θέλω	(thélô) deseo
καλέω	(kaléô) llamo, invito
λαμβάνω	(lambánô) tomo, recibo
λύω	(*liúô*) libero
μετά	(*metá*) «con» (con genitivo) «después de» (con acusativo)[19]
οὖν	(un) entonces
πατήρ	(patê´r) padre (paternal)
πίστις	(pístis) fe, creencia
πνεῦμα	(*néuma*) espíritu (neumático, neumatología) Nota: La combinación de letras πν se pronuncia como «n».

---

[19] El término filosófico «metafísica» tiene su origen en el hecho de que, en las obras de Aristóteles, el tema de la metafísica, el estudio del *ser*, venía *después* del tema de la *física*.

Los verbos (1)

πολύς, πολλή, πολύ	(poliús) mucho, muchos (politeísmo, poligamia)
σῶμα	(sô΄ma) cuerpo (psicosomático)
φωνή	(fonê΄) voz (fonética)

8.1. Los tiempos

En español, existen los siguientes tiempos verbales:

TIEMPO	EJEMPLO	Nombre según Larousse[20]
presente	miro	presente
imperfecto	miraba	copretérito
futuro	miraré	futuro
pretérito	miré	pretérito
presente perfecto	he mirado	antepresente
pluscuamperfecto	había mirado	antecopretérito
futuro perfecto	habré mirado	antefuturo

La denominación de los tiempos puede cambiar según el país, pero los términos en la columna a la izquierda serán los que usaremos en este curso por ser

---

[20] Los nombres «según Larousse» son sacados de Irma Zatarain, Martha Munguía, y Gilda Romero, *Gramática de la lengua española* (Barcelona: Larousse, 1998), p. 65.

bastante extendida y por ser similar a la nomenclatura en griego.

En griego, existen básicamente los mismos tiempos, con algunas diferencias:

1) En vez del pretérito, el griego tiene el *aoristo*. Sin embargo, el aoristo en el griego tiene diferencias en significado con el pretérito en el español. Básicamente el aoristo describe un hecho *en su totalidad*. Lo explicaremos mejor en el siguiente capítulo.

2) El futuro perfecto aparece muy pocas veces en el Nuevo Testamento. Por lo tanto, no lo aprenderemos en este curso.

Abajo tenemos un esquema para explicar los tiempos en griego. La letra «A» representa una acción. La línea quebrada representa acción repetida. Una > representa un punto de observación anterior a la acción, y una < representa un punto de observación después de la acción.

Fíjese que el «tiempo» del verbo en griego incluye dos dimensiones: aspecto y tiempo cronológico. El aspecto puede ser simple, progresivo, o perfecto. El aspecto simple es como una fotografía sin indicaciones de movimiento, el aspecto progresivo es como una película con movimiento, y el aspecto perfecto es acción completada, algo así como una fotografía dentro de una película que alguien está mostrando para indicar algo que ya sucedió anteriormente.

Los verbos (1)

LOS TIEMPOS VERBALES

Presente (Hay dos sentidos)
«miro»   **A**
acción simple en el presente

«estoy mirando»   -------------
acción continua ahora

Imperfecto
«miraba»   ------------ <
acción continua pasada
observada ahora

Futuro
«miraré»   > **A**
acción en el futuro, anticipada
desde ahora

Aoristo
«miré»   **[A]**
acción mirada en su totalidad

Perfecto
«he mirado»   **A** ——▶ <
acción completa, cuyos efectos
continúan en el presente,
observada ahora

Pluscuamperfecto
«había mirado»   **A1   A2   <**
acción pasada (A1) anterior a otra
acción pasada (A2) observada
desde ahora

8.2. Mateo 4:17

Hay un ejemplo de la importancia del tiempo de un verbo en Mateo 4:17. Da un resumen de la predicación de Jesús, que está traducido en la versión NVI, «Arrepiéntanse, porque el reino de los cielos *está cerca*.» Las versiones RVR60 y NBLA dicen, «...el reino de los cielos *se ha acercado*.» El verbo griego en la última frase es ἤγγικεν («acercar»), y está en el *tiempo perfecto*. Como hemos visto, el tiempo perfecto indica una *acción completa, cuyos efectos continúan en el presente*. Eso significa que algo *ya sucedió*. La diferencia entre «está cerca» y «se ha acercado» es que la segunda opción indica que ya ocurrió *movimiento*. Es como la diferencia entre decir que el hospital «está cerca» y la ambulancia «se ha acercado». El tema de la venida del reino es complicado, porque llega en etapas (vea Hechos 1:6), pero sabemos que cuando el *Rey* Jesús llegó, ¡hubo un *cambio* en el desarrollo del reino de Dios! ¡Hubo movimiento! Me parece que la mejor traducción es, «...el reino se ha acercado.» Como dice el *New Bible Commentary*, Jesús estaba proclamando en Mateo 4:17 que «Dios es rey, y Su reinado ya se estaba haciendo efectivo.»[21]

---

[21] R. T. France, *Matthew, New Bible commentary: 21st century edition* (4th ed., p. 910). Inter-Varsity Press, 1994 (en *Logos*). (Traducido del inglés por el autor.)

8.3. Persona y número

Probablemente recuerde de sus estudios de la gramática española que los verbos además tienen persona y número. La primera persona singular es «yo», la primera persona plural es «nosotros», la segunda persona singular es «tú» o «usted», la segunda persona plural es «ustedes», o «vosotros», la tercera persona singular es «él» o «ella», y la tercera persona plural es «ellos» o «ellas».

Observe las formas del verbo «librar» en español en el tiempo presente.

1 singular	Yo libro
2 singular	Tú libras
3 singular	Él o ella libra
1 plural	Nosotros libramos
2 plural	Vosotros libráis
3 plural	Ellos libran

El verbo en griego para «librar» es λύω (*liúô*), y es el verbo que normalmente se usa para ilustrar las formas del verbo griego. La siguiente tabla muestra el tiempo presente. *Memorice estas formas.*

1 s	λύω	Yo libro
2 s	λύεις	Tú libras
3 s	λύει	Él o ella libra
1 pl	λύομεν	Nosotros libramos
2 pl	λύετε	Vosotros libráis
3 pl	λύουσι[ν]	Ellos libran

Si se presta atención a las letras finales, se puede tener una buena idea de la *persona* y del *número* del verbo. Con algunas excepciones, las terminaciones del verbo regular siguen las pautas presentadas a continuación:

1 s	-ω, -α, -ον
2 s	-ς
3 s	-ει, -ε, -εν
1 pl	-μεν
2 pl	-τε
3 pl	-σι(ν), -σαν, -ον

8.4. Pautas para reconocer el tiempo de un verbo

Tradicionalmente, los alumnos de griego tenían que saber identificar los tiempos verbales sin ayuda de programas lingüísticos. Ahora tenemos los programas como *e-Sword* y *Logos* que indican toda la información de los verbos. Sin embargo, es bueno memorizar unas pocas formas básicas y aprender unas pautas para reconocer los tiempos verbales, para no siempre depender totalmente de tales herramientas.

Primero, memorice las formas de todos los tiempos de λύω (modo indicativo) en primera persona singular:

Los verbos (1)

Paradigma del verbo regular λύω (modo indicativo)

Pres	Imperf	Fut	Aor	Perf	Plpf
λύω	ἔλυον	λύσω	ἔλυσα	λέλυκα	ἐλελύκειν
Yo libro	Yo libraba	Yo libraré	Yo libré	Yo he librado	Yo había librado

Hay cambios que normalmente indican el *tiempo* del verbo. Los cambios son:

a. Un aumento (ε) en el prefijo, sin otro cambio, indica el imperfecto (ἔλυον, yo libraba). (A veces se cambia la vocal para que sea larga, por ejemplo si empieza con -ε-, se cambia a -η-.)

b. Una -σ- agregada al final del tema verbal, sin aumento en el prefijo, indica tiempo futuro (λύσω, yo libraré).

c. Una -σ- agregada al tema, más un aumento en el prefijo, indica el aoristo (ἔλυσα, yo libré).

d. Una reduplicación al comienzo de la palabra, más una κ agregada al tema indica el perfecto (λέλυκα, yo he librado).

Una «reduplicación» es una repetición del sonido de las dos primeras letras, o algo parecido. A veces se repite la primera letra más una ε. Con el verbo λύω, la reduplicación es λε-, y con el verbo πιστεύω, es πε-.

e. Un aumento, más una reduplicación, más una κ agregada al tema, normalmente indica el pluscuamperfecto (ἐλελύκειν, yo había librado). El pluscuamperfecto no siempre tiene aumento, pero se puede distinguir del perfecto por las terminaciones que tienen -ει (-ειν, -εις, -ει, -ειμεν, -ειτε, -εισαν).

Ofrecemos la siguiente tabla como una manera de representar estas pautas para reconocer las formas verbales. El «tema», o la raíz del verbo λύω es λύ-. Si usamos «T» como símbolo del tema del verbo, y «R» como símbolo de una reduplicación, podemos presentar las formas verbales así:

T	= pres	λύω	yo libro
ε T	= impf	ἔλυον	yo libraba
T σ	= fut	λύσω	yo libraré
ε T σ	= aor	ἔλυσα	yo libré
RT κ	= perf	λέλυκα	yo he librado
ε RT κ	= plpf	ἐλελύκειν	yo había librado

La siguiente tabla es otra manera de resumir las pautas para reconocer los tiempos en el modo indicativo. Fíjese en cada tiempo en la primera fila arriba, y observe las señales de cambio para cada uno, leyendo hacia abajo en cada columna.

	Pres	Imp	Fut	Aor	Perf	Plpf
Aumento		ε		ε		ε
Reduplicación					R	R
Agregado al tema			σ	σ	κ	κ

Los verbos (1)

Lo importante es saber el significado de los tiempos y saber traducirlos.

Al final de este capítulo podrá ver la tabla completa de las formas del verbo λύω en el modo indicativo. (Estudiaremos el significado de los modos más adelante). Esta tabla se llama el *paradigma* o *conjugación* del verbo. A veces los estudiantes deben memorizar todas las formas de λύω. Ponemos la tabla a disposición de aquellos que deseen dominar la lectura en griego sin tanta ayuda del software lingüístico.

8.5. El verbo «ser» o «estar» (εἰμί)

En cualquier idioma, hay muchos verbos «irregulares» que no siguen las mismas pautas que exhiben los verbos regulares como λύω. εἰμί es uno de esos verbos.

Es una de las razones que es importante aprender a usar software como *e-Sword* o *Logos*. No es necesario memorizar todas las formas de los verbos, porque se puede identificar la forma con el programa. Solamente tiene que entender el significado de los aspectos gramaticales.

En griego, se utiliza el mismo verbo para «ser» y «estar». Para traducirlo al español deberá guiarse solo por lo que le sugiera el contexto. No es necesario memorizar estas formas, pero trate de observar algunas pautas para poder reconocerlas. (Ver siguientes tablas.)

	Presente	Imperfecto	Futuro
1 s.	εἰμί yo soy, yo estoy	ἤμην yo era, yo estaba	ἔσομαι seré, estaré
2 s.	εἶ tú eres, tú estás	ἦς tú eras, tú estabas	ἔσῃ serás, estarás
3 s.	ἐστί[ν] él (ella) es, él (ella) está	ἦν él (ella) era, él (ella) estaba	ἔσται será, estará
1 pl.	ἐσμέν somos, estamos	ἦμεν éramos, estábamos	ἐσόμεθα seremos, estaremos
2 pl.	ἐστέ vosotros sois, vosotros estáis	ἦτε érais, estábais	ἔσεσθε seréis, estaréis
3 pl.	εἰσί son, están	ἦσαν eran, estaban	ἔσονται serán, estarán

Hay muchas formas irregulares. Lo importante por ahora es saber que existen. Cuando busca la raíz de un verbo, le puede sorprender lo diferente que es de la palabra que está analizando en un versículo del Nuevo Testamento. Podría pensar que hay un error, a menos que tenga en cuenta que puede tratarse de un verbo irregular. Algunos verbos griegos tienen una forma aoristo que es muy diferente de la forma raíz y no siguen el patrón regular. Esto se llama el «aoristo segundo».

Ejercicios:

Le recomendamos que imprima las páginas con estos ejercicios y escriba las respuestas a mano. Antes de hacer los ejercicios, puede practicar con el Ejercicio PowerPoint «09. Verbos (Parte 1)» en el sitio de *Thirdmill* o *LaBibliaaFondo*.

a. Describe el significado de cada tiempo verbal en griego:

presente
imperfecto
futuro
aoristo
perfecto
pluscuamperfecto

b. Identifique el tiempo verbal según el patrón. T representa la raíz principal del verbo y R representa una reduplicación.

T
ε T
T σ
ε T σ
RT κ
ε RT κ

c. Escriba las formas del presente indicative de λύω.

1 s	
2 s	
3 s	
1 pl	
2 pl	
3 pl	

d. Escriba las formas de λύω en primera persona singular, todos los tiempos.

Pres	Impf	Fut	Aor	Perf	Plpf
------	--------	---------	------	--------	------
yo libro	yo libraba	yo libraré	yo libré	yo he librado	yo había librado

Los verbos (1)

e. Observe el tiempo, persona y número de los siguientes verbos, y tradúzcalos.

	Tiempo	Pers.	Núm.	Traducción
λύω	Pres	1	Sing	
λύει	Pres	3	Sing	
λύομεν	Pres	1	Pl	
λύουσι	Pres	3	Pl	
ἐλύομεν	Impf	1	Pl	
ἐλύετε	Impf	2	Pl	
λύσει	Fut	3	Sing	
λύσουσιν	Fut	3	Pl	
ἔλυσας	Aor	2	Sing	
ἐλύσαμεν	Aor	1	Pl	
λέλυκα	Perf	1	Sing	
ἐλελύκεισαν	Plpf	3	Pl	

e. Practique de nuevo el vocabulario con el Ejercicio PowerPoint «08. Vocabulario 4» en el sitio de *Thirdmill* o *LaBibliaaFondo*.

Tabla de la conjugación de λύω en el modo indicativo

A continuación se muestra la tabla completa de las formas del verbo λύω (lúō, libero o suelto) en todos los tiempos verbales en modo indicativo. (Estudiaremos el significado y las formas de los otros modos más adelante.) Este paradigma se llama la conjugación o el paradigma del verbo.

Note que algunos verbos tienen una segunda forma con (ν) entre paréntesis. Esta forma se utiliza a veces antes de una palabra que comienza con una vocal para hacer que la pronunciación sea más fácil. Por ejemplo, se escribe λύουσι τόν ἀδελφόν, en cambio, si la siguiente palabra comienza con vocal, se escribe λύουσιν ἐκ....

Observe las formas. No es necesario memorizarlas todas, pero recomendamos por lo menos aprender las formas del tiempo presente y todos los tiempos en primera persona del singular. (Todas las formas destacadas.)

Los verbos (1)

Paradigma del verbo regular, λύω (modo indicativo), Singular

Singular

	Pres	Imperf	Fut	Aor	Perf	Plpf
1 s	λύω yo libro	ἔλυον yo libraba	λύσω yo libraré	ἔλυσα yo libré	λέλυκα yo he librado	ἐλελύκειν yo había librado
2 s	λύεις tú libras	ἔλυες tú librabas	λύσεις tú librarás	ἔλυσας tú libraste	λέλυκας tú has librado	ἐλελύκεις tú habías librado
3 s	λύει él libra	ἔλυε[ν] él libraba	λύσει él librará	ἔλυσε[ν] él libró	λέλυκε[ν] él ha librado	ἐλελύκει él había librado

Paradigma del verbo regular, λύω (modo indicativo) continuado (Plural)

Plural

	Pres	Imperf	Fut	Aor	Perf	Plpf
1 pl	λύομεν nosotros libramos	ἐλύομεν nosotros librábamos	λύσομεν nosotros libraremos	ἐλύσαμεν nosotros libramos	λελύκαμεν nosotros hemos librado	ἐλελύκειμεν nosotros habíamos librado
2 pl	λύετε vosotros libráis	ἐλύετε vosotros librabais	λύσετε vosotros libraréis	ἐλύσατε vosotros librasteis	λελύκατε vosotros habéis librado	ἐλελύκειτε vosotros habíais librado
3 pl	λύουσι[ν] ellos libran	ἔλυον ellos libraban	λύσουσι[ν] ellos librarán	ἔλυσαν ellos libraron	λελύκασι[ν] ellos han librado	ἐλελύκεισαν ellos habían librado

9. Los verbos (Parte 2)

En esta lección conocerá las voces, los modos, los verbos «defectivos», y el uso de participios. Cuando termine la lección, podrá explicar el significado de los diferentes modos y las voces en griego. También podrá usar la información sobre los verbos para traducirlos al español. También estudiará las conjunciones y la sintaxis.

Primero, veamos una nueva lista de vocabulario. Puede practicar con el Ejercicio PowerPoint «10. Vocabulario 5» en el sitio de *Thirdmill* o *LaBibliaaFondo*.

Vocabulario, lista #5

ἄγγελος	(ánguelos) mensajero, ángel
ἁμαρτία	(jamartía) pecado (harmartología)
βασιλεία	(basiléia) reino (basílica, originalmente el palacio del rey)
γίνομαι	(guínomai) llego a ser
γράφω	(gráfô) escribo (gráfico, caligrafía)
δόξα	(dóxsa) gloria (doxología)
ἔθνος	(éthnos) nación, grupo étnico, gentil

	(étnico)
ἔργον	(érgon) obra (ergonometría, energía, sinergía)
ἐσθίω	(esthíô) como, alimento
εὑρίσκω	(jeuriskô) encuentro (¡eureka!)
ἵστημι	(jístêmi) paro, quedo de pie
καθώς	(kathô's) como, tal como
καρδία	(kardía) corazón (cardiología, ataque cardíaco)

9.1. Las voces

En español, existen las voces activa y pasiva. Se usa el verbo en voz activa cuando el sujeto ejecuta la acción. Se usa la voz pasiva cuando el sujeto recibe la acción pasivamente. Por ejemplo, en la oración «El hombre compró un libro», «el hombre» es el sujeto, «un libro» es el complemento directo, y «compró» es el verbo en voz activa. Pero podemos expresar la misma idea usando la voz pasiva: «El libro fue comprado por el hombre».

En griego, además de la voz activa y la voz pasiva, existe una tercera voz, la voz *media*. La voz media expresa la idea de que el sujeto es afectado indirectamente por la acción. Se traduce al español usando frases como «para sí mismo» («El hombre compró un libro para sí mismo.») o agregando «se» («El hombre se compró un libro.»)

Verbos (2)

Estos conceptos de voz activa, pasiva y media están expresados en la forma del verbo en griego, sin agregar palabra o frase alguna.

Por ejemplo:

ἔλυσα (*éliusa*) significa «libré» (voz activa),
ἐλύθην (*eliúthên*) significa «fui librado» (voz pasiva)
ἐλυσάμην (*eliusámên*) significa «me libré», o «libré para mí» (voz media)

En casi todos los tiempos, excepto aoristo y futuro, la forma de la voz media y la forma de la voz pasiva es la misma. Solamente el contexto indica cuál es el sentido. Por ejemplo, λύομαι (*liúomai*) puede entenderse como voz pasiva («Soy librado») o como voz media («Libro para mí»). La siguiente tabla muestra las formas del tiempo presente en su voz activa y media/pasiva para el verbo λύω.

Presente Voz Activa	Presente Voz media/Pasiva
λύω libro	λύω me libro/soy librado
λύεις libras	λύῃ te libras/eres librado
λύει libra	λύεται se libra/es librado
λύομεν libramos	λυόμεθα nos libramos/somos librados

λύετε	λύεσθε
libráis	os libráis/sois librados
λύουσι[ν]	λύονται
libran	se libran/son librados

Note el uso frecuente de – αι y - θ en las formas de la voz media/pasiva.

9.2. Los verbos «defectivos»

Algunos verbos usan la voz media o la voz pasiva para indicar el significado de la voz activa. Se llaman verbos «defectivos». Hay que tener cuidado de no traducir estos verbos con el significado de la voz media o pasiva, en lugar de hacerlo con el significado de la voz activa.

Por ejemplo:

ἔρχομαι (*érjomai*, «vengo») es defectivo en presente y también en el futuro (ἐλεύσομαι, *eléusomai*, «vendré»). Tiene la forma de la voz media, pero significado de voz activa.

γίνομαι (*guínomai*, llego a ser) es defectivo en el presente y también en el futuro (γενήσομαι, *guenê´somai*, «llegaré a ser»).

εἰμί (*eimí*, yo soy) es defectivo en el futuro (ἔσομαι, *ésomai*, seré).

Verbos (2)

¿Cómo saber si un verbo es defectivo? Solo por medio de buscar la palabra en un diccionario, el cual mostrará las formas principales. Por ejemplo, en el diccionario, no existe una forma ἔρχω, sino solamente ἔρχομαι. Además, bajo el verbo εἰμί («ser» o «estar») se incluyen varias formas, incluyendo el futuro: ἔσομαι.

9.3. Los modos de los verbos

Además de tiempo, persona, número y voz, los verbos también se clasifican según el *modo*. En griego, se habla de los modos indicativo, subjuntivo, imperativo, infinitivo, y participio.

Modo	Significado	Griego	Español
Indicativo	Indica algo	λύει	Él libra.
Subjuntivo	Muestra probabilidad, contingencia, irrealidad, propósito	λύῃ	para que..., ojalá que..., quizás... él libre
Imperativo	mandato	λῦε λυέτω	¡Libra! ¡Qué él libre!
Infinitivo	Ilimitado (Se puede usar gramatical- mente como un sustantivo.)	λύειν	librar

Participio	Combina características de verbo y adjetivo	λύων	librando

Note que, en el griego, el imperativo puede también conjugarse en la tercera persona: λυέτω, «¡Que él libre!»

Las siguientes oraciones ilustran la diferencia en el significado de los modos.

Indicativo
ὁ ἄνθρωπος **λύει** τὸν δοῦλον.
(*jo ánthrôpos liúei ton dúlon.*)
Él hombre **libra** al esclavo.

Subjuntivo
ἔρχομαι ἵνα ὁ ἄνθρωπος **λύῃ** τὸν δοῦλον.
(*érjomai jína jo ánthrôpos liúê ton dúlon.*)
Yo vengo para que el hombre **libre** al esclavo.

Imperativo
λῦε τὸν δοῦλον.
(*liúe ton dúlon.*)
¡**Libra** al esclavo!

Infinitivo
θέλω **λύειν** τὸν δοῦλον.
(*thélô liúein ton dúlon.*)

Verbos (2)

Deseo **librar** al esclavo.

Participio
λύων τὸν δοῦλον, ὁ ἄνθρωπος βλέπει τὸν ἀδελφὸν.
(*liúôn ton dúlon, jo ánthrôpos blépei ton adelfón.*)
Librando al esclavo, el hombre ve al hermano.

Hay otro modo llamado «optativo», que no se usa mucho en el Nuevo Testamento. Expresa un deseo. Pablo lo usa a veces para expresear un deseo negative, como en Romanos 6:2, μὴ γένοιτο, «¡De ningún modo!» (NBLA).

Observe las formas de los distintos modos de λύω en el tiempo presente, voz activa:

Indicativo

1 s	λύω	libro
2 s	λύεις	libras
3 s	λύει	libra
1 pl	λύομεν	libramos
2 pl	λύετε	libráis
3 pl	λύουσι[ν]	libran

Subjuntivo

1 s	λύω	libre
2 s	λύῃ	libres
3 s	λύῃ	libre

143

1 pl	λύωμεν	libremos
2 pl	λύητε	libréis
3 pl	λύωσι[ν]	libren

Imperativo

2 s	λῦε	libra
3 s	λυέτω	libre
2 pl	λύετε	librad
3 pl	λυέτωσαν	libren

Infinitivo

λύειν   librar

Participio

λύων   librando

9.4. El significado del aoristo

Ahora que hemos visto los modos del verbo, debemos explicar un poco más acerca del *tiempo aoristo*. La tentación es hacerlo equivalente al pretérito en español. Sin embargo, mientras en el español, el énfasis del pretérito está en el tiempo pasado, en el griego el aoristo no pone tanto énfasis en el tiempo ni en la duración de la acción. Aunque el aoristo frecuentemente sugiere el tiempo pasado, especialmente en el modo indicativo, ese no es su significado principal. En general, el aoristo denota una acción en su totalidad.

Los lingüistas enfatizan el significado ilimitado general del aoristo. La palabra griega ἀόριστος significa «indefinido», «ilimitado», o «sin frontera.» Richard Young explica que la diferencia entre el tiempo presente y el tiempo aoristo es que el presente observa un desfile desde la perspectiva de un observador en la calle y el aoristo lo observa desde la perspectiva de un helicóptero. El presente mira a cada participante pasar, y el aoristo mira el evento completo.

Los expertos sugieren que el aoristo es el más importante de los tiempos griegos y que es el «más característico del idioma griego». Dana y Mantey explican que «El significado fundamental del aoristo es denotar la acción simplemente como ocurriendo, sin referencia a su progreso... No tiene esencial significación temporal, hallándose sus relaciones de tiempo únicamente en el Indicativo, donde se le usa como pasado....» Dicen que el aoristo «establece el hecho de la acción o evento, sin consideración de su duración», y que «denota una acción simplemente como un evento, sin definir en ningún sentido la manera de su ocurrencia».[22]

La diferencia entre λυέτω (*liuétô*, presente imperativo, tercera persona singular, voz activa) y λυσάτω (*liusátô*) aoristo imperativo, tercera persona singular, voz activa) es que el presente sugiere

---

[22] H. E. Dana and Julius R. Mantey, *Gramática griega del Nuevo Testamento* (El Paso: Casa Bautista, 1975), p. 186-187.

progresión, mientras el aoristo sugiere algo más indefinido. Como es difícil comunicar la diferencia en español, las traducciones podrían ser iguales, o podrían ser distintas. El contexto determina el significado.

λυέτω ¡Que él libre! / ¡Que él siga librando! (Presente)

λυσάτω ¡Que él libre! / ¡Que él empiece a librar! (Aoristo)

9.5. El uso del participio

El participio se usa mucho en griego. Tiene características de un verbo y también de un adjetivo. Tiene tiempo y voz como un verbo, y tiene caso, persona, y género como un adjetivo, de acuerdo con el sustantivo que modifica.

Para tener una idea de la traducción, usted puede empezar con una traducción literal con la terminación de «...ndo» (por ejemplo, «creyendo»), y después adaptar el significado de acuerdo con el contexto. Si el participio está en tiempo aoristo, inicialmente podría traducirlo «habiendo» + el verbo (por ejemplo, «habiendo creído»).

Como adjetivo

A veces los participios se usan como adjetivos. Por ejemplo, Mateo 3:17 dice: «Y se oyó una voz de los cielos que decía...» (NBLA). En griego es:

Verbos (2)

καὶ ἰδοὺ φωνὴ ἐκ τῶν οὐρανῶν λέγουσα

El participio λέγουσα (de «decir») modifica el sustantivo φωνή (voz). Dice literalmente, «Y he aquí una voz de los cielos diciendo...»

En una frase adverbial

Más frecuentemente, el participio se usa en una frase adverbial, una frase que modifica a otro verbo. Mateo 26:26 proporciona un ejemplo. Parte del versículo dice: «...Jesús tomó pan, y habiéndolo bendecido, lo partió, ...» (NBLA). En griego es:

λαβὼν ὁ Ἰησοῦς ἄρτον καὶ εὐλογήσας ἔκλασεν

Esta frase contiene dos participios, ambos en tiempo aoristo: λαβὼν (de «tomar») y εὐλογήσας (de «bendecir» o «dar gracias»). El verbo principal es ἔκλασεν (de «romper»), en tiempo aoristo, modo indicativo. Esto podría traducirse literalmente «habiendo tomado Jesús pan y habiendo dado gracias, lo partió.» Los dos participios funcionan como adverbios, porque explican cuándo Jesús partió el pan.

El genitivo absoluto

Otro uso frecuente del participio en el Nuevo Testamento se llama el «genitivo absoluto». Es una frase con participio en genitivo, que no combina gramaticalmente con el resto de la oración de la forma habitual. Es «absoluto» en el sentido de que es independiente; la frase se mantiene separada gramaticalmente. El participio a menudo se combina con un sustantivo o pronombre también en caso genitivo, que sirve como sujeto del participio.

La primera frase del mismo versículo, Mateo 26:26, contiene un ejemplo. En griego dice,

Ἐσθιόντων δὲ αὐτῶν

La primera palabra es un participio en tiempo presente, Ἐσθιόντων (literalmente «comiendo») y αὐτῶν es un pronombre en tercera persona plural, caso genitivo (normalmente traducido «de ellos»). Podríamos comenzar con una traducción literal, que sería «Y comiendo *de* ellos...». Pero eso no tiene sentido. Si recordamos cómo funciona un genitivo absoluto, nos damos cuenta de que «ellos» es el sujeto de «comer». Dice literalmente, «y comiendo, ellos...» Para traducir genitivos absolutos, William Mounce recomienda que comencemos agregando la palabra «mientras» si el participio está en tiempo presente, y «después» si el participio está en tiempo aoristo. Si seguimos esa pauta, una buena traducción de esta frase sería «Mientras comían,...» Así la traducen la mayoría de las versiones en español.

9.6. 1 Juan 3:6
El significado del participio nos puede ayudar a analizar textos como 1 Juan 3:6.

Verbos (2)

1 Juan 3:6 (NBLA)
Todo el que permanece en él, no peca. Todo el que peca, ni lo ha visto, ni lo ha conocido.

πᾶς ὁ ἐν αὐτῷ μένων οὐχ ἁμαρτάνει· πᾶς ὁ ἁμαρτάνων οὐχ ἑώρακεν αὐτὸν οὐδὲ ἔγνωκεν αὐτόν.

A primera vista, la primera frase, «Todo el que permanece en él, no peca», parece contradecir otros pasajes bíblicos, incluso los siguientes versículos de capítulo uno de la misma carta:

1 Juan 1:8-9 (NBLA)
Si decimos que no tenemos pecado, nos engañamos a nosotros mismos y la verdad no está en nosotros. Si confesamos nuestros pecados, Él es fiel y justo para perdonarnos los pecados y para limpiarnos de toda maldad.

Nuestro estudio de los participios puede ayudarnos a encontrar una solución. Una posible interpretación es que Juan está diciendo que *mientras uno permanezca en Cristo,* como un pámpano permanece en la vid, no pecará. Es decir, cuando estamos confiando en Cristo, viviendo por fe, con los ojos puestos en Él, podemos resistir la tentación. Esto no significa que mantendremos constantemente esa fe fuerte y una relación cercana con el Señor, y si pecamos, no significa que hayamos perdido nuestra salvación, o que nunca fuimos salvos; significa que debemos confesar nuestro pecado y pedir ayuda al Señor. El hecho de que la palabra "permanece" es un participio (μένων), que significa literalmente «permaneciendo», presta apoyo para esta perspectiva.[23]

Otra posible interpretación es que Juan está diciendo que aquellos que verdaderamente creen en Cristo no continuarán viviendo una vida caracterizada por el pecado. [24] Los que sostienen este punto de vista pueden apelar al hecho de que la primera frase del versículo es paralela a la segunda frase, expresando el mismo pensamiento. Note que la segunda frase, «Todo el que peca, ni lo ha visto...», utiliza un participio en tiempo presente (ἁμαρτάνων), que sugiere acción continuada. Dice literalmente, «todo el que *está pecando* ni lo ha visto...». Hay varias traducciones que sostienen esta interpretación:

La Nueva Versión Internacional traduce 1 Juan 3:6 así:

> Todo aquel que permanece en él *no practica* el pecado. Todo el que *practica* el pecado no lo ha visto ni lo ha conocido.

La Reina Valera Actualizada traduce así:

---

[23] Vea el comentario de Jamieson, Fausset and Brown.

[24] L. L. Morris, *1 John*, *New Bible commentary: 21st century edition* (4th ed., p. 1404). Inter-Varsity Press, 1994 (en *Logos*).

Verbos (2)

Todo aquel que permanece en él *no continúa pecando*. Todo aquel que sigue pecando no le ha visto ni le ha conocido.

Ejercicios:

Le recomendamos que haga una copia de las páginas con estos ejercicios y escriba las respuestas a mano. Antes de hacer los ejercicios, puede practicar con el Ejercicio PowerPoint «11. Verbos (Parte 2)» en el sitio de *Thirdmill* o *LaBibliaaFondo*.

a. Escriba el significado de los términos gramaticales:

voz activa
voz pasiva
voz media
tiempo aoristo
genitivo absoluto

b. Explique el significado de los modos en griego.

Modo	Significado
Indicativo	
Subjuntivo	

Imperativo

Infinitivo

Participio

c. Tome en cuenta el significado de la raíz del verbo y la información morfológica, y traduzca los siguientes verbos:

τηρῆσετε
Proviene de τηρέω que significa «guardo». Está en forma de futuro, modo indicativo, voz activa, 2ª persona plural.

Traducción: _____

λαβεῖν
Proviene de λαμβάνω que significa «recibo» o «tomo». Tiene la forma de un infinitivo aoristo en voz activa.

Traducción: _____

ἦν
Proviene de ἐιμί que significa «soy o estoy». Está en forma de imperfecto, modo indicativo, voz activa, 3ª persona del singular.

Verbos (2)

Traducción: _____

ἐωράκαμεν
Proviene de ὁράω que significa «veo». Está en forma de perfecto, modo indicativo, voz activa, 1ª persona del plural.

Traducción: _____

πιστεύων
Proviene de πιστεύω que significa «creo». Está en forma de participio presente activo, nominativo masculino singular.

Traducción: _____

e. Usando *e-Sword* o *Logos*, busque ahora toda la información acerca de los siguientes verbos en Juan 3:16, incluyendo la voz y el modo, y escriba la traducción:

ἔδωκεν

ἀπόληται

ἔχῃ

f. Practique de nuevo el vocabulario de la lista #5 con el Ejercicio PowerPoint «10. Vocabulario 5» en el sitio de *Thirdmill* o *LaBibliaaFondo*.

Tarea #6 de Exégesis: Los verbos

Los pasos para analizar los verbos en el Nuevo Testamento griego son similares a los pasos para analizar sustantivos y otras palabras. Utilice esta y escriba la información en su "Informe de exégesis".

El uso de *Logos* para analizar los verbos

1. Encuentre su pasaje en el Nuevo Testamento griego.

2. Abra el «Análisis de texto» y busque los verbos en cada versículo de su pasaje en «Palabra por palabra».

3. Investigue los verbos clave en su pasaje.

4. Puede ver la raíz de los verbos, escuchar cómo se pronuncian y ver la persona, el número, el tiempo y el modo. También puede aprender más sobre los diferentes significados de los verbos buscándolos en los diccionarios.

El uso de *e-Sword* para analizar los verbos

1. Encuentre su pasaje en el NT griego WH+.

2. Pase el mouse sobre el código encima de los verbos clave que desea analizar.

3. Identifique el tiempo, voz, modo, persona y número de los verbos, usando el diccionario «Robinson».

4. Haga clic en el número de Strong y aprenda más sobre los diferentes significados de los verbos buscándolos en diccionarios como «Tuggy».

Si por alguna razón, no ha podido instalar el diccionario «Robinson», el siguiente cuadro explica el significado de las letras del código.

Tiempo	Voz	Modo
A - Aoristo	A – Activa	D – Imperativo
2A - Aoristo segundo	M – Media	I – Indicativo
F – Futuro	P – Pasiva	N – Infinitivo
I – Imperfecto		P – Participio
P – Presente		S – Subjuntivo
R – Perfecto		
L - Pluscuamperfecto		
Persona		
Singular		
1S Primera sing		
2S Segunda sing		
3S Tercerca sing		
Plural		
1P Primera pl		
2P Segunda pl		
3P Tercerca pl		

10. Las conjunciones y la sintaxis

10.1. Las conjunciones
Las conjunciones son pequeñas palabras que unen (como «y», «pero», «o», «porque»). En esta lección estudiaremos el uso de estas palabras para formar oraciones complejas. Frecuentemente son muy importantes para comprender un versículo.

Hemos visto las siguientes conjunciones previamente:

γάρ	porque
δέ	y, pero
ἵνα	para que, que
καί	y
οὖν	entonces
οὕτως	así

10.2. Sintaxis
La sintaxis es la estructura de una oración. Es muy importante, porque demuestra las relaciones entre palabras y entre frases. Las oraciones se hacen complejas de varias maneras. Por ejemplo, un sujeto o un verbo puede tener más de una parte. En ese caso, las partes están unidas por una conjunción. En la siguiente

oración, «y» es una conjunción que une «el hombre» y «su esposa», haciendo un sujeto compuesto.

El hombre *y* su esposa van a la iglesia.

Podríamos hacer un diagrama de la estructura de esta oración. Hay muchas formas en que se hacen diagramas, pero en este curso haremos algo bastante simple:

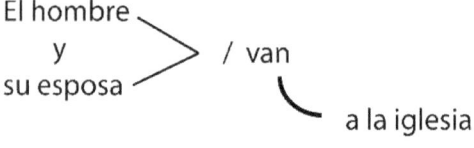

SUJETO	VERBO	FRASE ADVERBIAL
(¿Quién actúa?)	(¿Qué hace?)	(¿Dónde lo hace?)
		(Modifica el verbo.)

A veces una conjunción une dos cláusulas. (En este libro, usaremos la definición de una cláusula como un grupo de palabras que contiene un verbo y expresa una idea.)

El hombre lee la Biblia, pero no la entiende.

El dibujo podría ser así:

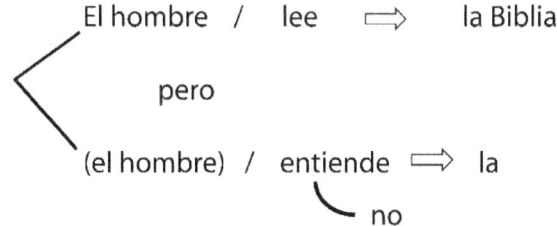

«El hombre» es el sujeto de la primera cláusula, «lee» es el verbo, y «la Biblia» es el complemento directo, porque recibe la acción. «Pero» es una conjunción que conecta las dos cláusulas. Se entiende que el sujeto de la segunda cláusula también es «el hombre.» «Entiende» es el verbo de la segunda «cláusula», «no» es un adverbio que modifica el verbo, y «la» es un pronombre que sustituye «la Biblia». La cláusula principal es «El hombre lee la Biblia».

Algunas oraciones son muy complejas, y es difícil hacer un diagrama de ellas. Tome en cuenta que una cláusula entera puede funcionar como complemento directo de otra cláusula o sujeto de otra cláusula.

Por ejemplo, supongamos que la oración es:

Jesús dijo, «Yo soy el buen pastor.»

«Jesús» es el sujeto, «dijo» es el verbo, y «Yo soy el buen pastor» es una cláusula que funciona como el complemento directo del verbo «dijo», porque indica qué es lo que dijo. En la segunda cláusula, «Yo» es el sujeto, «soy» es el verbo, y «el Buen Pastor» es un predicado nominativo, porque indica quién es el sujeto. El dibujo sería así:

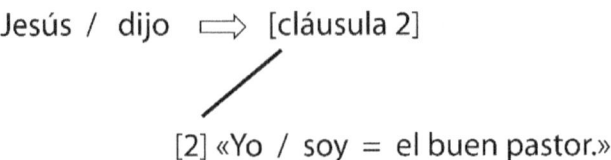

[2] «Yo / soy = el buen pastor.»

10.3. 2 Pedro 1:1

Un ejemplo de la importancia de analizar la sintaxis es 2 Pedro 1:1, porque es evidencia de la deidad de Jesús:

2 Pedro 1:1
...a los que habéis alcanzado, por la justicia *de nuestro Dios y Salvador Jesucristo,*...

En griego, la frase que queremos destacar es:

...τοῦ θεοῦ ἡμῶν καὶ σωτῆρος Ἰησοῦ Χριστοῦ

Note que hay un solo artículo en griego, τοῦ. No dice, «...de Dios nuestro y *del* salvador Jesucristo». Gramaticalmente, apunta al hecho de que las dos frases, tanto «nuestro Dios» como «Salvador», se refieren a Jesucristo. A.T. Robertson dice, «...el hecho de que hay un solo artículo...requiere precisamente ...una sola persona, no dos.»[25] ¡Esa persona es nuestro Dios, es el Salvador, y es Jesucristo!

---

[25] A. Robertson, *Word Pictures in the New Testament*. Vol. V 1932, Vol. VI, 1997.

10.4. Dibujo sintáctico de Juan 3:16
Observe la estructura de Juan 3:16:

Porque...

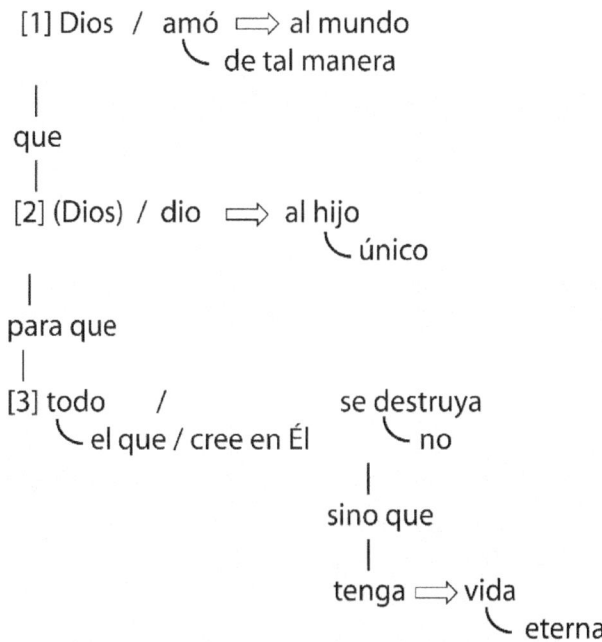

Tarea #7 de exégesis: Conjunciones y Sintaxis

Los pasos para analizar las conjunciones en el Nuevo Testamento griego son similares a los pasos para analizar sustantivos, verbos y otras partes del discurso. Utilice esta guía de tarea para completar la información en su "Informe de exégesis".

Usando *Logos* para analizar conjunciones

1. Encuentre su pasaje en el Nuevo Testamento griego.

2. Abra el «Análisis de texto» e identifique las conjunciones en «Palabra por palabra».

3. Búsquelos en un diccionario para confirmar los diferentes significados y usos.

Usando e-Sword para analizar conjunciones

1. Encuentre su pasaje en el NT griego WH+.

2. Pase el cursor sobre los códigos encima de las palabras para identificar las conjunciones.

3. Haga clic en el número de Strong y aprenda más sobre los diferentes significados y uso de las conjunciones buscándolas en diccionarios como «Tuggy».

Sintaxis

Analice la estructura de la oración (o las oraciones) de su pasaje. Intente identificar cláusulas principales. Busque paralelismo. Busque comparación y contraste. Busque otras claves para entender la estructura de su pasaje. Si puede, ha un diagrama.

Traducción

Tomando en cuenta toda la información lingüística que ha acumulado durante su estudio, compare las traducciones principales que ha visto y analice por qué lo han traducido así. Luego escriba lo que considere la traducción más precisa. Puede ser diferente de cualquier traducción que haya leído.

11. Análisis Bíblico y Teológico

Hemos terminado los tres primeros pasos de exégesis. Quedan los pasos 4 y 5, analizar el pasaje bíblica y teológicamente y aplicar el mensaje en el contexto actual:

- ✓ 1) Hacerse preguntas
- ✓ 2) Analizar el contexto original
- ✓ 3) Analizar el significado lingüístico
-   4) Analizar el pasaje bíblica y teológicamente
-   5) Aplicar el mensaje en el contexto actual

Hay tres aspectos en este proceso de análisis bíblico y teológico:

a) Reflexionar sobre cómo el pasaje se encaja en el resto de la Biblia.

b) Leer buenos comentarios sobre el pasaje.

c) Resumir el mensaje principal del pasaje con sus propias palabras.

11.1. Reflexione sobre cómo el pasaje se encaja en el resto de la Biblia.

Ahora que entiende el significado lingüístico del pasaje y tiene su propia traducción, reflexione sobre el significado del pasaje en el contexto de toda la Biblia. ¿Su comprensión actual del pasaje parece contradecir otro pasaje de la Biblia? ¿Contradice otra doctrina importante? Trate de armonizarlo con el resto de las Escrituras. Examine cualquier pasaje paralelo nuevamente para ver si le ayuda a entender su pasaje. Busque otros pasajes relacionados con el tema. Piense en el contexto de la redención. Considere cómo este pasaje se relaciona con el Antiguo Testamento. Piense cómo se relaciona con el resto del Nuevo Testamento. ¿Qué nos enseña este pasaje acerca de Jesús y la salvación?

Hágase otras preguntas. ¿Cuáles son las preguntas bíblicas y teológicas que surgen? Si está estudiando Juan 3:16, podría tener preguntas como: ¿Qué significa realmente «creer» en Jesús? ¿Qué es la «vida eterna»? Anote sus pensamientos.

11.2. Lea comentarios

Quizás se preguntará por qué hemos esperado hasta ahora para leer los comentarios. La razón es que queremos que descubra por sí mismo el significado del pasaje antes de leer lo que otros dicen. Si lee los comentarios primero, perderá el fruto de la investigación original. Los comentarios pueden estar gravemente equivocados y pueden enviarlo por el camino equivocado desde el principio, y los comentarios pueden dejar de lado algunos aspectos importantes. Queremos que usted se convierta en un expositor fiel del pasaje que está estudiando, y que no se limite a citar a otros autores.

Sin embargo, ahora que ya ha llegado a sus propias conclusiones (al menos tentativas), lea algunos comentarios y libros teológicos para ver qué dicen. Hable con una persona de confianza y pídale que le recomiende buenos libros. Recuerde tener siempre a Cristo en el centro de sus pensamientos y reflexione sobre cómo encaja su pasaje en el plan de salvación. Jesús es «el camino, la verdad y la vida». De alguna manera toda la verdad gira en torno a Él.

Si está usando *Logos*, recomiendo especialmente los comentarios de William Hendriksen y Simon Kistemaker. También recomiendo el *Comentario bíblico Contemporáneo*, porque los autores son latinoamericanos y porque está bastante al día y contextualizado (con la advertencia de que algunos autores tienen tendencias hermenéuticas un poco modernistas.) El *Comentario exegético y explicativo del Nuevo Testamento* (tomo 2) de Jamieson, Fausset y Brown y el Comentario de Matthew Henry es un poco antiguo, pero es bueno.

Se pueden comprar otros comentarios para *Logos*, como la serie *Comentario exegético al texto griego del NT* de Samuel Pérez Millos, la serie del *Comentario bíblico Mundo Hispano*, el *Comentario bíblico histórico* de Edersheim (un clásico), y la serie de comentarios del Nuevo Testamento de John Macarthur.

Si está usando *e-Sword*, hay pocas opciones entre los recursos incluidos. Se puede instalar gratuitamente el *Comentario al Texto Griego del Nuevo Testamento* de A.T. Robertson. El comentario de William MacDonald y otro de David Guzik también son gratis, y pueden prestar ayuda, aunque no sean mis favoritos. El comentario de William Barclay está disponible para instalar gratuitamente, pero este autor tenía creencias modernistas, incluyendo el universalismo.

Probablemente si está usando *e-Sword*, conviene comprar unos comentarios adicionales, aunque sea en forma impresa. Podrían ser algunos de los que se han mencionado arriba disponibles en *Logos*, especialmente la serie de Hendriksen y Kistemaker.

11.3. 1 Juan 3:6

Hemos analizado este versículo anteriormente, y ahora sería bueno ver lo que dicen algunos comentarios. Ofrecemos el siguiente ejemplo:

El *Comentario bíblico contemporáneo* explica un aspecto importante acerca del contexto histórico de las cartas de Juan, que existía la enseñanza gnóstica (o mejor pre-gnóstica) de que uno puede vivir como quiera, porque están arriba de la ley. Ofrece este análisis de 1 Juan 3:1-10:

De ninguna manera se debe admitir el pecado como una ocasión para que se manifieste la gracia.

Juan ataca de frente esta enseñanza gnóstica, cuyos adeptos se consideran invulnerables a las consecuencias de pecar por creer erróneamente que su calidad de «salvos» les permite vivir como quieren. Cristo vino para destruir las obras del mal. El que peca se vuelve contra Cristo y se afilia al mundo del maligno. Además, la santidad cristiana no consiste en que el creyente no pueda pecar, sino que Cristo con su poder y justicia redentora supera las fuerzas del pecado.[26]

11.4. Resuma el mensaje principal del pasaje

Ha estudiado el contexto original de su pasaje y ha hecho un análisis lingüístico del mismo. Ha reflexionado sobre las implicaciones bíblicas y teológicas. Ahora es el momento para sacar conclusiones. Pregúntese: «¿Cuál es el punto principal del pasaje?» No estamos hablando de la traducción, y tampoco estamos buscando aplicaciones todavía. Ahora estamos buscando el mensaje principal del pasaje. Piense en cómo lo habrían entendido los primeros lectores. ¿Qué significó para ellos? Explíquelo tan concisamente como pueda en sus propias palabras.

---

[26] Jaramillo Cárdenas, L., LAS CARTAS DE JUAN. En C. R. Padilla, M. Acosta Benítez, & R. Velloso Ewell (Eds.), *Comentario Bíblico Contemporáneo: Estudio de toda la Biblia desde América Latina* (Primera edición, p. 1655). Certeza Unida; Andamio; Ediciones Puma; Ediciones Kairos; Certeza Argentina; Editorial Lampara, 2019 (en *Logos*).

12. Aplicar el mensaje en el contexto actual

Finalmente, hemos llegado al último paso de la exégesis. Hará la aplicación del mensaje de su pasaje bíblico en su propia vida y en la vida de los demás en su contexto. Cuando termine, escribirá las aplicaciones apropiadas para su pasaje seleccionado.

Hacer la aplicación de un mensaje es como mudarse a otro país. Necesitamos aprender el idioma de la gente, y necesitamos entender su cultura y forma de pensar. El mensaje bíblico fue dado originalmente a personas que vivían en un mundo muy diferente al nuestro. Una vez que entendemos lo que significó el mensaje para los oyentes originales, y una vez que entendemos a nuestra audiencia actual, tratamos de ayudarles a escuchar el mismo mensaje. La contextualización puede ser complicada, porque incluso en nuestro mundo actual, hay muchas culturas diversas. Cada país es diferente, cada ciudad es diferente y cada iglesia es diferente. De hecho, cada persona es diferente.

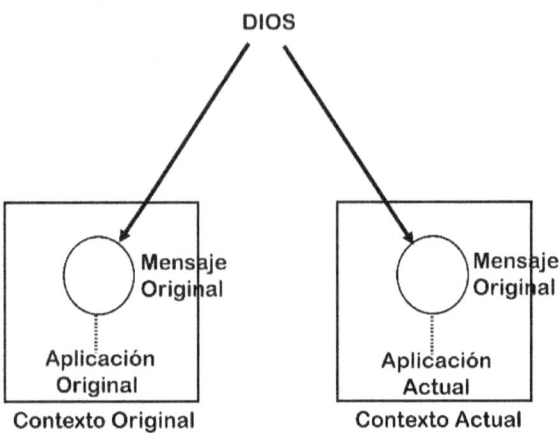

Si no aplicamos el mensaje de un pasaje, todavía no lo entendemos completamente. En el sentido bíblico, realmente no «conoce» la verdad plenamente hasta que la viva. Aquí es donde nuestros estudios se vuelven prácticos y dejan de ser reflexiones abstractas. Los dos pasos para la aplicación son:

12.1. Reflexione sobre el contexto actual

Necesitamos analizar el contexto en el que vivimos: nosotros mismos, nuestra familia, la congregación de nuestra iglesia, el vecindario alrededor de la iglesia y la sociedad en general. Gran parte de esto es el resultado natural de hablar con la gente, y lo que es más importante, de *escuchar* atentamente a la gente. Pero también tenemos que hacer un esfuerzo consciente para entender el barrio de nuestra iglesia. Podemos hacer encuestas para descubrir los puntos de vista religiosos y las necesidades de las personas de nuestra comunidad. ¿Cuáles son las necesidades y preocupaciones de las personas que nos rodean? ¿Con qué luchan los jóvenes? ¿Qué está pasando en las familias?

A veces nuestras iglesias se vuelven egocéntricas. Esperamos que la gente venga a nosotros y que sea como nosotros, en lugar de salir a «hacer discípulos a todas las naciones» (todos los grupos étnicos). A menudo estamos desconectados con lo que sucede fuera de nuestros propios círculos cristianos. Tome tiempo para investigar el y reflexionar sobre mundo en que vivimos. ¿Qué comunican las canciones, las películas y los programas de televisión? ¿Qué tienen que decir los artistas y los filósofos?

Al pensar en aplicaciones de Juan 3:16, podemos recordar que muchas personas tienen un concepto panteísta de Dios. Otros consideran a Dios como una fuerza impersonal. Nuestro pasaje, por el contrario, muestra que Dios es un Dios personal amoroso con emociones, y que Él existe aparte de Su propia creación.

Otros tienen un concepto erróneo de la fe. Podrían pensar que es suficiente creer que Dios existe, o que Jesús fue un hombre maravilloso. Otros piensan que la fe es un salto ciego irracional contra la razón. Incluso algunas personas en la iglesia están confundidas, pensando que es suficiente haber «aceptado a Cristo» al seguir adelante en un servicio evangelístico. Si bien muchas personas son verdaderamente salvas en un momento como este, el acto de levantar la mano o pasar adelante no significa necesariamente que tengan una verdadera fe salvadora.

En cuanto al concepto de la vida eterna, mucha gente se aferra a un concepto oriental de la reencarnación. Otros creen que cuando se muere, no hay nada más. Juan 3:16 y los versículos que lo rodean indican que algunas personas tendrán vida eterna y otras perecerán.

12.2. Aplicaciones prácticas

Finalmente, buscamos aplicaciones prácticas concretas. Todos nuestros esfuerzos por analizar el pasaje deben terminar con algún tipo de bendición espiritual, con algún cambio positivo en personas. ¿Qué debo hacer para responder a las verdades de este pasaje? ¿Cómo debo cambiar mi forma de vivir, pensar o sentir? Pida la dirección del Señor.

12.3. Un sermón o un estudio bíblico

El fruto de nuestros estudios ahora puede convertirse en un sermón o estudio bíblico. Hay que preparar el mensaje para su audiencia, enfocándose en la aplicación principal. Comience con una introducción para llamar su atención. A menudo la gente viene con la mente en otras cosas y necesita ser atraída al mensaje, hablándole de algo relacionado con su vida diaria. Si el sermón o estudio bíblico está totalmente encerrado dentro de las dos tapas de la Biblia, desde el principio hasta el fin, la gente no será alcanzada con el mensaje de una manera práctica, de una manera que cambie su

Aplicación al contexto actual

vida. No me entienda mal; el propósito principal es explicar el pasaje bíblico, pero debe ser aplicado. Mencione las preguntas más importantes que tenía sobre el pasaje, luego explique las respuestas que encontró. Resuma el punto principal del pasaje y haga una o dos aplicaciones clave. Finalmente, concluya con algo que no olvidarán, una ilustración o una historia que resalta el punto principal del pasaje.

- ✓ 1) Hacerse preguntas
- ✓ 2) Analizar el contexto original
- ✓ 3) Analizar el significado lingüístico
- ✓ 4) Analizar el pasaje bíblica y teológicamente
- ✓ 5) Aplicar el mensaje en el contexto actual

Tarea #8 de exégesis: Biblia, teología, aplicación

Analice el pasaje bíblica y teológicamente.

1. Reflexione y medite sobre su pasaje y conteste las siguientes preguntas:

- ¿Su comprensión actual del pasaje parece contradecir otro pasaje de la Biblia? Explique.
- ¿Contradice otra doctrina importante? Explique.
- ¿Cómo se relaciona este pasaje con el Antiguo Testamento?
- ¿Qué nos enseña este pasaje acerca de Jesús y la salvación?
- ¿Alguna otra pregunta?

2. Lea 3 o 4 comentarios sobre su pasaje y escriba cualquier pensamiento importante o nuevos descubrimientos.

3. Explique el punto principal del pasaje en sus propias palabras.

Aplique el mensaje en el contexto actual.

1. Anote aspectos importantes del contexto en el que vive que estén relacionados con el mensaje de su pasaje.

2. Escriba aplicaciones prácticas y concretas para usted, su familia, su congregación y otros. ¿Qué debo

hacer, pensar o sentir como resultado de mi exégesis? ¿Qué debo animar a otros a hacer, pensar o sentir?

3. Escriba un bosquejo y algunos puntos principales para un sermón o estudio bíblico.

INFORME DE EXÉGESIS

Nombre y apellido:

Tarea #1: Selección del pasaje y preguntas

1. Referencia del versículo:

2. Versículo en español, en su traducción favorita:

3. ¿Por qué seleccionó este versículo? ¿Tiene alguna duda acerca del versículo?

4. ¿Cuáles son las diferencias entre traducciones? Anote las frases donde hay diferencias importantes.

5. ¿Tiene otras preguntas acerca del versículo?

6. ¿Qué espera aprender al estudiar este versículo?

7. Anote alguna idea que le llama la atención inicialmente de los comentarios.

Tarea #2: Análisis del contexto original

a. El contexto histórico

1. Autor del libro:

2. Fecha estimada de composición:

3. Situación del pueblo de Dios (las iglesias) en ese momento:

4. Eventos importantes que rodean el momento de la composición:

b. El contexto literario

1. Versículos importantes que rodean el pasaje:

2. Temas principales en el capítulo o párrafo:

3. Género literario del libro:

4. Propósito principal del libro:

5. Temas importantes del libro bíblico:

6. ¿Por qué cree que el Señor comunicó este pasaje a la audiencia original?

Informe de exégesis

Tarea #3: La semántica (estudio de palabras)

1. Copiar y pegar su pasaje en griego.

2. Practique leer el pasaje en voz alta en griego.

3. Copie las palabras clave en griego y anote los posibles significados que ha encontrado en los diccionarios.

4. Anote información importante que ha visto en el uso de la palabra en otros pasajes, especialmente en los pasajes cercanos por el mismo autor. Anote sus observaciones y pensamientos.

5. Anote la que considere la mejor traducción de las palabras clave. Recuerde que el contexto literario cercano es muy importante para determinar el significado de una palabra.

Tarea #4: Análisis de los sustantivos

1. Usando *e-Sword* o *Logos*, identifique todos los sustantivos en su pasaje. Haga una lista, copiando las palabras de su pasaje en griego. Anote el caso, el número y el género (gramatical) de cada uno.

2. Identifique el uso de los sustantivos en su pasaje. Anote al lado de cada uno si son sujetos, complementos directos, complementos indirectos, o predicados nominales.

Informe de exégesis

Tarea #5: Análisis de adjetivos, adverbios, pronombres y preposiciones

1. Identifique todos los adjetivos, adverbios, pronombres y preposiciones en su pasaje. Copie su pasaje en griego y escriba «ADJ» debajo de los adjetivos, «ADV» debajo de los adverbios, «Pron» debajo de los pronombres y «Prep» debajo de las preposiciones.

2. Anote cuál es el sustantivo o pronombre modificado por cada adjetivo y cuál es el verbo modificado por cada adverbio.

3. Haga una breve lista de los adjetivos, adverbios, pronombres o preposiciones que sean los más importantes para comprender su pasaje. Anote por qué son importantes.

Tarea #6: Análisis de los verbos.

Copie los verbos griegos importantes de su pasaje y escriba el tiempo, el modo, la voz, el número y la persona de cada uno de ellos. Para los participios, anote el caso y el género también. Escriba las definiciones clave.

Informe de exégesis

Tarea #7: Conjunciones, sintaxis y traducción

Las conjunciones y la sintaxis

1. Haga una lista de las conjunciones griegas importantes en su pasaje.

2. Anote la importancia de las conjunciones para comprender su pasaje.

3. Analice la estructura de su pasaje. Intente identificar la cláusula principal (o cláusulas principales, si hay más de una oración). Si puede, haga un diagrama.

4. Termine el estudio lingüístico de su pasaje. Asegúrese de tener todas las palabras clave analizadas.

Traducción

Decida cómo traducir el pasaje. Vuelva a mirar las traducciones que leyó al principio de su estudio. Analice por qué los traductores lo expresaron así. Escoja la mejor versión. Si ninguna es de su total satisfacción, escriba su propia traducción del pasaje. No se olvide de tomar en cuenta el contexto literario al hacer su traducción.

Tarea #8:

Análisis de las implicaciones bíblicas y teológicas

a. Preguntas:

1. ¿Su comprensión actual del pasaje parece contradecir otro pasaje de la Biblia? Explique.

2. ¿Contradice otra doctrina importante? Explique.

3. ¿Cómo se relaciona este pasaje del Nuevo Testamento con el Antiguo Testamento?

4. ¿Qué nos enseña este pasaje acerca de Jesús y la salvación?

5. ¿Tiene otra pregunta?

b. Los comentarios:

Escriba cualquier pensamiento importante o nuevos descubrimientos de los comentarios.

c. El punto principal:

Explique el punto principal del pasaje en sus propias palabras.

d. Aplicación del mensaje en el contexto actual:

1. Anote aspectos importantes del contexto en el que vive que estén relacionados con el mensaje de su pasaje.

2. Escriba aplicaciones prácticas y concretas para usted, su familia, su congregación y otros. ¿Qué debo hacer, pensar o sentir como resultado de mi exégesis? ¿Qué debo animar a otros a hacer, pensar o sentir?

3. Haga un bosquejo para un sermón o estudio bíblico y anote ideas principales que destacaría. Incluya ideas para ilustraciones, historias, y ejemplos, especialmente para la introducción y para la conclusión.

Cómo Preparar un Ensayo Exegético

A veces una institución académica o una iglesia pide un *ensayo exegético* como una tarea para un curso o como requisito para ser ordenado en el ministerio. No es lo mismo que el «Informe de Exégesis» que usted ha preparado arriba, dando los resultados de su investigación. El ensayo debe ser un artículo que presenta el argumento o la defensa de su interpretación del pasaje. Es más académico que un sermón, pero menos detallado, que el «Informe de Exégesis». Debe incluir una introducción, el cuerpo del ensayo, y una conclusión.

La Introducción
Debe comenzar con una explicación de las dificultades del pasaje. Explique por qué ha seleccionado el pasaje y qué es lo que pretende resolver. Despierte el interés del lector, mostrando la importancia de lograr una interpretación correcta del pasaje. Por ejemplo, tal como mostramos en este libro, el versículo Santiago 2:24 podría dar la impresión de que la salvación se logra por buenas obras. Sin embargo, hay otros pasajes que dicen lo contrario. ¿Cómo podemos resolver esta aparente contradicción?

El Cuerpo
Esta sección presenta el contenido principal del ensayo. Normalmente tiene varias subsecciones.

Informe de exégesis

A. Podría comenzar con la explicación de las distintas interpretaciones que se han dado del pasaje. Podría citar algunos comentarios y posiblemente explicar las perspectivas de distintas iglesias o perspectivas teológicas, notando lo que usted considera correcta o incorrecta. Por ejemplo, la perspectiva católica romana de Santiago 2:24 podría ser muy distinta de la perspectiva protestante.

B. Podría seguir con una explicación de los resultados de su propia investigación exegética. No debería incluir todos los detalles, sino solamente lo más importante. Podría incluir algo del contexto original del pasaje y el análisis lingüístico más importante. Por ejemplo, como vimos en el libro, podría explicar los distintos significados de la palabra δικαιόω (dikaióô), normalmente traducida «justificar» en el versículo.

La Conclusión

Podría terminar con la aplicación práctica y contextualizada. ¿Cuál es la importancia de este pasaje? Por ejemplo, es una diferencia grande si creemos que la salvación es por obras o por la fe sola. También es importante probar que no hay contradicciones en la Biblia.

Esto es solamente un ejemplo. El ensayo exegético debería mostrar lo que ha aprendido en sus investigaciones. Lo importante es destacar la importancia de resolver alguna duda sobre la interpretación el pasaje y la aplicación práctica.

www.ingramcontent.com/pod-product-compliance
Lightning Source LLC
Chambersburg PA
CBHW070917130626
46555CB00001B/179